Spuren-suche am

TATORT

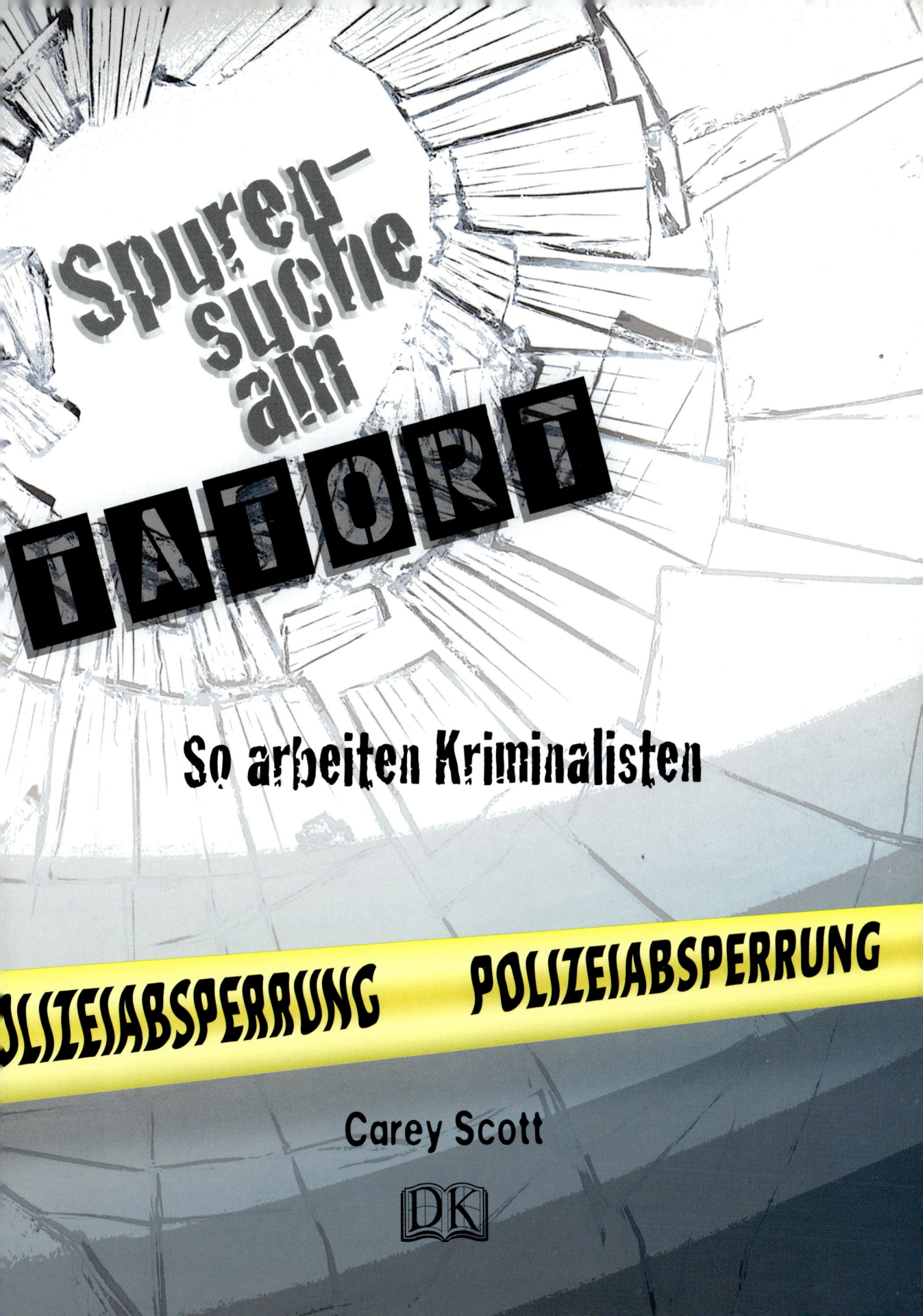

Spurensuche an TATORT

So arbeiten Kriminalisten

POLIZEIABSPERRUNG POLIZEIABSPERRUNG

Carey Scott

DK

DORLING KINDERSLEY
London, New York, Melbourne, München und Delhi

Redaktion Jenny Finch
Gestaltung Spencer Holbrook
Lektorat Francesca Baines, Claire Nottage
Bildlektorat Stefan Podhorodecki

Cheflektorat Linda Esposito
Chefbildlektorat Diane Thistlethwaite
Projektleitung Andrew Macintyre
Projektbetreuung Laura Buller
Bildrecherche Liz Moore
DK Picture Library Claire Bowers
Herstellung Claire Pearson
DTP-Design Siu Chan
Fotos Dave King

Zusätzliche Illustrationen Mark Walker
Fachliche Beratung Peter Whent, Jonathan Wright

Für die deutsche Ausgabe:
Programmleitung Monika Schlitzer
Herstellungsleitung Dorothee Whittaker

Bibliografische Information Der Deutschen Bibliothek
Die Deutsche Bibliothek verzeichnet diese Publikation in der
Deutschen Nationalbibliografie;
detaillierte bibliografische Daten sind im Internet über
http://dnb.ddb.de abrufbar.

Titel der englischen Originalausgabe:
Crime Scene Detective

© Dorling Kindersley Limited, London, 2007
Ein Unternehmen der Penguin-Gruppe

© der deutschsprachigen Ausgabe by Dorling Kindersley Verlag GmbH,
München, 2007
Alle deutschsprachigen Rechte vorbehalten

Übersetzung Dr. Michael Schmidt
Redaktion Angelika Lenz
Satz Beate Fellner
Umschlaggestaltung network! München

ISBN 978-3-8310-1055-4

Colour reproduction by Colourscan, Singapore
Printed and bound in China by Leo Paper Products

Besuchen Sie uns im Internet
www.dk.com

INHALT

Die Ermittlung   6
Der Tatort   8
Forensische Fotografie   10
Beweise sammeln   12

LIEBE ELTERN!
Einige Aktivitäten in diesem Buch erfordern die Aufsicht
eines Erwachsenen. Symbole zeigen an, welche Aktivität nur
mithilfe eines Erwachsenen ausgeführt werden darf. Überprüfen Sie, welche Aktivitäten die Aufsicht eines Erwachsenen erforderlich machen, und achten Sie auf Ihr Kind.

 Besondere Vorsicht bei dieser Aktivität.

 Aktivitäten mit diesem Symbol dürfen nur gemeinsam
mit einem Erwachsenen ausgeführt werden.

Achten Sie stets darauf, dass Ihr Kind sich genau an die Anweisungen hält. Autor und Verlag übernehmen keine Verant-
wortung für eventuell auftretende Unfälle oder Verletzungen,
die durch ein Nichtbefolgen der Anweisungen auftreten und
übernehmen keine Haftung für Verluste oder Schäden, die
dadurch entstanden sind.

LIEBE KINDER!
LEST DIES ZU EURER SICHERHEIT
1. Informiert einen Erwachsenen, bevor ihr eine der
   Aktivitäten in diesem Buch ausführt.
2. Achtet auf die folgenden Symbole:

 Passt besonders auf bei dieser Aktivität.

 Bei dieser Aktivität muss ein Erwachsener mithelfen.

3. Haltet euch genau an die Anweisungen.

TATORT: RAUB 14

Raub: Tatortanalyse 16
Fingerabdruck nehmen 18
Abdrücke abgleichen 20
Toxikologie 22
Spurensuche 24
Raub: Dokumentation 26

TATORT: BRANDSTIFTUNG 28

Brandstiftung: Tatortanalyse 30
Brand und Explosion 32
Spuren und Abdrücke 34
Computer- und Dokumentforensik 36
Brandstiftung: Dokumentation 38

TATORT: FÄLSCHUNG 40

Fälschung: Tatortanalyse 42
Fälschungen 44
Den Täter überführen 46
Serologie 48
Fälschung: Dokumentation 50

TATORT: MORD 52

Mord: Tatortanalyse 54
Genetischer Fingerabdruck 56
Forensische Anthropologie 58
Feuerwaffen 60
Mord: Dokumentation 62

Geschichte der Forensik 64
Glossar 68
Auflösung 70
Register 72

DIE ERMITTLUNG

Bei einer kriminalistischen Untersuchung sammelt ein Expertenteam aus Kriminalbeamten und Kriminaltechnikern Beweismittel am Tatort. Der Kommissar, der die Untersuchung leitet, nutzt dazu sein Wissen, hört aber auch auf sein Gefühl. In diesem Buch bist du der Kommissar! Das nötige Wissen bekommst du beim Lesen, aber vertraue auch auf dein Gefühl!

Vor Gericht

Die Wissenschaft der Forensik dient der Rechtsprechung. Vor Gericht werden forensische und andere Beweise wie z. B. Zeugenaussagen zusammengetragen, um die Wahrheit zweifelsfrei zu ermitteln.

Suche nach Hinweisen

Zunächst suchst du den Tatort nach Beweismitteln und anderen Informationen ab.

Locards Austauschprinzip

Um 1900 formulierte der Franzose Edmund Locard ein Grundprinzip der Forensik: „Jeder Kontakt hinterlässt eine Spur." Das heißt, ein Täter hinterlässt stets Spuren am Tatort, nimmt aber auch etwas vom Tatort mit.

Kannst du die vier Verbrechen aufklären?

Gehe an den Tatort

Schau dich um und lies die Tatortanalyse, damit du weißt, was passiert ist. Am Tatort haben die Kriminalisten bereits die Dinge identifiziert und gesichert, die die Forensiker dann untersuchen sollen.

INTERESSANTE HINWEISE werden ausführlich erklärt.

AKTIVITÄTEN machen dich zum Forensiker.

Forensische Untersuchungen

Nachdem du dir den Tatort angeschaut hast, erfährst du mehr über die Gebiete der Forensik. Fallanalysen halten dich über die Untersuchung auf dem Laufenden, die Aktivitäten bringen dir diese Wissenschaft nahe. So kannst du den Fall knacken.

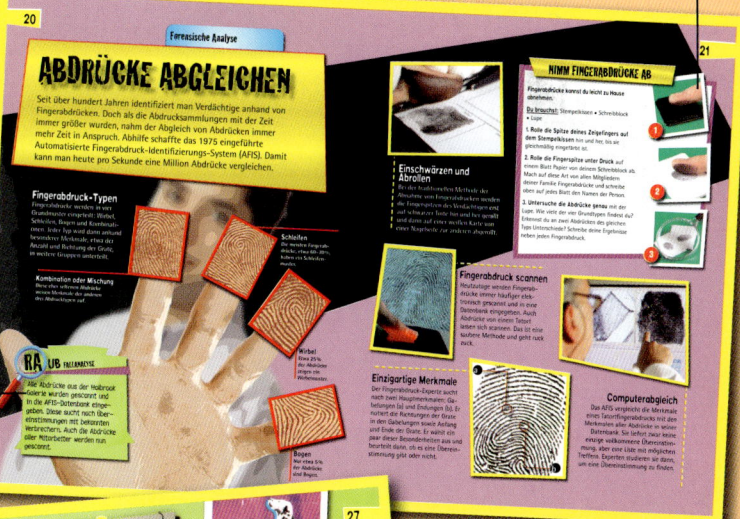

FALLANALYSEN informieren dich über forensische Tests im Zusammenhang mit dem Verbrechen.

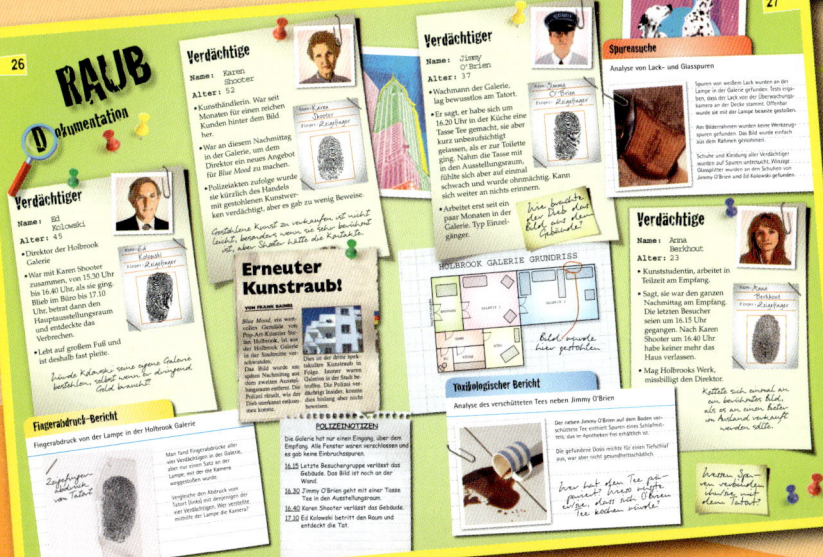

Studiere die Dokumentation

Lies zuerst die Polizeiberichte über die Verdächtigen. Die forensischen Berichte enthalten die Lösung, aber du brauchst dein ganzes detektivisches Geschick, um sie zu erarbeiten. Die Lösungen der Fälle findest du auf den Seiten 70–71.

DER TATORT

Mit Sirenengeheul fahren die Polizeiautos vor, uniformierte Beamte schwärmen aus. Bald schon drängen sich Schaulustige an den Absperrungen. Ein Tatort verändert sich rasch, nachdem die Verbrecher ihn verlassen haben. Damit es zu möglichst wenigen Störungen kommt und um empfindliche Beweise zu sichern, müssen die Ermittler mit Bedacht und System vorgehen.

WICHTIG!

- Stelle sicher, dass der Tatort ohne Risiko betreten werden kann. Prüfe ob die Verbrecher weg sind und suche nach verdächtigen Dingen.

- Lass alle Opfer ärztlich versorgen. Ihre Kleidung sollte möglichst nicht entfernt oder gewaschen werden, denn vielleicht liefert sie wertvolle Beweise.

- Sichere den Tatort und lass ihn abgrenzen, einschließlich der Stellen, an denen Verdächtige ihn wohl betreten und verlassen haben.

- Erfasse die Beweismittel und sichere vergängliche Spuren.

- Lege ein Protokoll an und schreibe alle Personen auf, die die Beweisstücke untersuchen. Halte fest, wer den Tatort betritt.

- Ermittle Zeugen für Befragungen.

- Dokumentiere alles mit Notizen, Skizzen, Fotos und Videokamera.

POLICE

CRIME SCENE DO NOT CROSS

Den Tatort absperren

Je nach Größe kann ein Tatort mit Absperrband, Sperren, Fahrzeugen oder durch Polizeibeamte gesichert werden.

Augenzeugen

Im Idealfall werden Augenzeugen sofort nach dem Verbrechen vernommen, wenn sie sich noch an alle Einzelheiten erinnern. Ist dies nicht möglich, werden die Zeugen voneinander getrennt, damit sie sich nicht absprechen.

Erste Hilfe

Gab es Verletzte, müssen sie als Erstes vom Tatort ins Krankenhaus gebracht werden. Um keine Beweise zu vernichten, versucht man herauszufinden, wo Verdächtiger und Opfer den Tatort betreten und verlassen haben. Die Sanitäter nehmen dann einen anderen Weg.

Suche auf allen vieren

An kleineren Tatorten führen die Ermittler eine ganz engmaschige Suche durch. Schulter an Schulter knien sie nebeneinander und suchen jeden Millimeter Boden vor sich mit den Fingerspitzen ab. Sie tragen Schutzanzüge, Latexhandschuhe und Mundmasken, damit der Tatort nicht durch ihre Kleidung, Haare oder Hautschuppen verschmutzt wird und die Ermittler auf eine falsche Fährte geführt werden. Andere Beamte machen derweil Fotos, Videos und Notizen vom Tatort.

Ab in die Tüte

Jedes Beweisstück vom Tatort wird fotografiert und sein Fundort festgehalten. Dann wird es eingetütet und das Behältnis versiegelt und beschriftet. So wird verhindert, dass die Beweisstücke nachträglich verändert werden.

FORENSISCHE FOTOGRAFIE

Ein Foto, heißt es, sagt mehr als tausend Worte, und das gilt auch für die forensische Fotografie. Vor Gericht sind Fotos von Tatortbeweisen verlässlicher als alle schriftlichen oder mündlichen Aussagen. Bei jeder Ermittlung müssen die Experten den Tatort so schnell wie möglich umfassend, sorgfältig und bis in die kleinste Einzelheit optisch aufzeichnen, noch bevor er verändert werden kann.

Nahaufnahmen

Jedes Beweisstück wird in Nahaufnahme vor weißem Hintergrund fotografiert, damit jede Einzelheit sichtbar wird. Die Kameraeinstellungen werden schriftlich festgehalten.

AUSRÜSTUNG

● Eine 35-mm-Kamera liefert äußerst scharfe Bilder. Nahaufnahmen macht man mit Makroobjektiven.

● Vor weißem Papier werden Einzelheiten deutlicher sichtbar.

● Mit Vergleichsmaßstäben wird das Objekt gemessen und seine Größe festgehalten.

● Auf dem Stativ steht die Kamera ruhig und senkrecht zum Objekt.

● Blitzlicht und Scheinwerfer leuchten Einzelheiten noch besser aus.

An Ort und Stelle

Jedes Beweisstück wird zuerst an seinem Fundort fotografiert. Hier nimmt ein Experte eine Waffe neben einer Nummerntafel auf, sodass ihr exakter Fundort festgehalten wird.

Das Beweisstück messen

Um die Größe von Objekten festzuhalten, wird jedes Beweisstück neben einem Maßstab fotografiert. Ist keiner zur Hand, können auch genormte Dinge wie Münzen als Maßstab dienen.

Den Tatort filmen

Mit Videoaufnahmen informiert man andere Ermittler über den Tatort, sodass möglichst wenige Personen ihn betreten müssen.

Beweise erhellen

Besonders wichtig sind deutliche Fotos von Beweisen, die nicht beweglich sind oder zerstört werden könnten. Das Scheinwerferlicht holt noch mehr Einzelheiten aus diesen Reifenspuren heraus.

BEWEISE SAMMELN

Ein Tatort kann meist nur einmal untersucht werden. Die Experten müssen schnell entscheiden, welche Dinge als Beweismittel taugen. Das ist nicht immer einfach, denn die Forensik entwickelt sich immer weiter. Sogar Gerüche lassen sich heute als Beweismittel verpacken und beschriften.

Schnelle Arbeit

Am Tatort werden wichtige Beweise mit gelben Buchstabentafeln markiert. Tatorte an öffentlichen Plätzen müssen rasch durchsucht werden, damit sie bald wieder allgemein zugänglich sind.

VORGEHEN

- Vermeide Verunreinigung. Die Experten tragen Overalls und Einmalhandschuhe, damit sich ihre Kleidungsfasern oder ihr genetisches Material nicht mit den Beweisen vermischen.

- Wähle die richtige Suchart. Je nach Art des Verbrechens und der Größe des Tatorts erfolgt die Suche auf allen vieren oder im Gehen, zuweilen auch mit Spürhunden.

- Markiere wichtige Beweise. Nummern- oder Buchstabentafeln geben ihren Fundort an.

Spürhunde

Speziell abgerichtete Hunde erschnüffeln Sprengstoffe, Drogen, vermisste Personen und Leichen. Hier unterstützt ein Beamter eine Bodensuche mit einer Metallsonde. Er steckt sie in die Erde und lässt den Hund daran riechen.

Tupfer

Winzige Tropfen einer verdächtigen Flüssigkeit werden am Tatort aufgetupft. Der Experte trägt Einmalhandschuhe, um eine Verunreinigung des Tatorts zu verhindern.

Düfte

Hier wird mit einem Spezialgerät menschlicher Geruch von einer Waffe auf sterile Gaze übertragen. Dann riechen Hunde daran und überführen so den Verdächtigen. Gaze kann auch in einer Duftbank als Beweis aufbewahrt werden.

Virtueller Tatort

In Mordfällen lässt sich die Flugbahn einer Kugel am Computer anhand eines 3D-Modells des Tatorts rekonstruieren. So stellt man fest, wo der Mörder stand.

DEINE SPURENSUCHAUSRÜSTUNG

Lupe, Stempelkissen, Pinzette und Maßband findest du bestimmt bei euch zu Hause. Halte deine Beweise immer genau fest – besorge dir also auch einen Schreibblock und Stifte.

◄ Verschließbare Tüten
Zum Aufbewahren kleiner Beweisstücke wie Fasern oder Haare.

▼ Pinzette
Nützlich zum Sammeln von Spuren wie Teppichfasern.

Stempelkissen ▲
Dein Fingerabdruckwerkzeug. Halte die Abdrücke Verdächtiger auf deinem Block fest.

◄ Lupe
Damit suchst du nach Beweisen, Fingerabdrücken und anderen Spuren.

◄ Schreibblock
Für Fingerabdrücke. Notiere oben stets den Namen des Verdächtigen.

Maßband ►
Damit misst du die Größe von Beweisstücken.

RAUB
Tatortanalyse

Du wirst zum Tatort eines Raubs in der Holbrook Galerie gerufen. Die Kunstgalerie in der ehemaligen Wohnung des Pop-Art-Künstlers und Kunstsammlers Stefan Holbrook stellt dessen eigene Bilder und seine private Kunstsammlung aus. Der Wachmann der Galerie liegt bewusstlos am Boden und eines der wertvollsten Bilder, *Blue Mood*, fehlt. Schau dir unten die Gegenstände an, die das Tatort-Team für die forensische Analyse ausgewählt hat, und informiere dich über die Tests, die im Labor durchgeführt werden sollen. Verfolge die polizeilichen Ermittlungen und studiere dann die Polizeiberichte und die Ergebnisse der forensischen Analyse auf Seite 26–27. Kannst du den Kunstdieb entlarven?

Wessen Fingerabdrücke?

Die Experten stäuben alle Dinge ein, die der Dieb berührt haben könnte. Sie nehmen die Fingerabdrücke des Wachmanns und die aller anderen Mitarbeiter der Galerie ab. Auf Seite 18–21 erfährst du, wie Fingerabdrücke gewonnen und abgeglichen werden.

Verschüttet

Ein heißes Getränk ist auf dem Boden neben dem bewusstlosen Wachmann verschüttet. Wurde er betäubt? Eine Probe wird im Labor von einem Toxikologen untersucht. Auf Seite 22–23 erfährst du mehr über die Toxikologie.

Überwachungskamera

Die Überwachungskamera wurde weggestoßen – sie zeigt zur Decke und hat den Raub nicht aufgezeichnet. Wie konnte der Räuber dies bewerkstelligen?

Bilderrahmen

Wie wurde das Bild entfernt? Der leere Rahmen wird genau untersucht. Werkzeugspuren oder Schnitte könnten als Beweismittel dienen. Auf Seite 34–35 erfährst du mehr über Werkzeugspuren.

Zerbrochenes Glas

Glassplitter vom Bilderrahmen liegen auf dem Sofa und dem Boden. Findet man Splitter an Kleidung oder Schuhen eines Verdächtigen, werden sie mit diesen Tatortspuren verglichen. Mehr über Spuren erfährst du auf Seite 24–25.

ARCHIV

1911 wurde Leonardo da Vincis *Mona Lisa* aus dem Pariser Louvre gestohlen. Ein Mitarbeiter hatte das Meisterwerk unter dem Mantel hinausgeschmuggelt. Zwei Jahre später war es wieder da. Der Dieb wollte es angeblich an Italien zurückgeben.

FINGERABDRUCK NEHMEN

Jeder Mensch hat ein anderes Muster an seinen Fingerspitzen – sogar eineiige Zwillinge. Diese Muster, die Papillarlinien, beweisen unsere einzigartige Identität. Wenn wir etwas berühren, hinterlassen wir darauf unsere Fingerabdrücke. Die Fingerabdrücke von Verbrechern an einem Tatort sind oft unsichtbar oder „latent". Spurensicherer nehmen sie mithilfe einer Reihe besonderer Techniken ab.

Einstäuben

Fingerabdrücke auf glänzenden Oberflächen wie Glas lassen sich am leichtesten abnehmen. Diese Flächen sind nicht porös, „schlucken" also keine Feuchtigkeit. Unsere Finger hinterlassen darauf Schweiß- oder Fettspuren, die sich mit einem feinen Pulver problemlos sichtbar machen lassen.

Aluminiumpulver

Der Spurensicherer stäubt die Fläche mit einem Pinsel mit Aluminiumpulver ein. Das Pulver bleibt an den Schweißresten kleben und macht die Abdrücke sichtbar.

Beweise schützen

Latexhandschuhe verhindern, dass Spurensicherer den Tatort mit ihren eigenen Fingerabdrücken verunreinigen.

Fingerabdrücke abnehmen

Der Abdruck wird vorsichtig mit Klebeband abgenommen und auf transparente Folie geklebt. So wird er als Beweisstück gesichert.

RAUB FALLANALYSE

In der Holbrook Galerie werden viele Fingerabdrücke abgenommen. Auf die meisten nicht porösen Oberflächen wird Aluminiumpulver aufgetragen. Auf dunkleren Flächen wie der Stehlampe macht ein helleres Pulver Feuchtigkeit sichtbar.

Sekundenkleber-Bedampfung

Kleinere Gegenstände werden ins Labor gebracht und dort mithilfe verschiedener Techniken auf latente Fingerabdrücke untersucht. Eine Methode ist die Bedampfung mit Sekundenkleber. Das Objekt wird in einer luftdichten Kammer diesen Dämpfen ausgesetzt. Sie kleben an den von Fingern hinterlassenen Schweißspuren und machen sie so sichtbar.

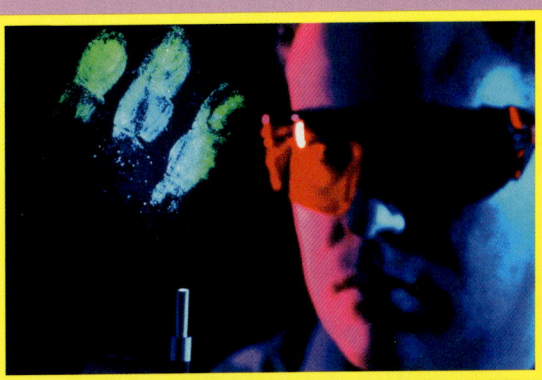

Spezialbeleuchtung

Nach dem Bedampfen mit Kleber werden Chemikalien aufgetragen, die die Fingerabdrücke in ultraviolettem Licht (UV) sichtbar machen. Das verstärkt den Kontrast und so auch den Abdruck.

Laserstrahl

Laserlicht macht Abdrücke sichtbar, die zuvor mit fluoreszierendem Pulver behandelt wurden. Diese Methode eignet sich besonders bei alten Abdrücken.

FINGERABDRÜCKE ENTHÜLLEN

Die Experten stäuben Abdrücke auf nicht porösen Oberflächen mit Aluminiumpulver ein. Du kannst dies zu Hause mit Kakaopulver tun.

Du brauchst: Kakaopulver • Tasse oder Glas • einen kleinen, sauberen Pinsel • transparentes Klebeband • helles Papier oder Pappe

1. Mach einen Fingerabdruck auf der Tasse oder dem Glas. Reibe mit dem Finger erst über deine Nase oder deine Kopfhaut – so wird er fettiger und der Abdruck deutlicher.

2. Streue etwas Kakaopulver auf den Abdruck. Entferne loses Pulver durch Pusten oder mit dem Pinsel.

3. Nimm den Abdruck ab, indem du die klebrige Seite des Klebebands darauf legst und es dann vorsichtig abhebst. Klebe das Band auf das Papier.

Bei dunklen Flächen nimmst du Talkumpuder und klebst den Abdruck auf dunkles Papier.

ABDRÜCKE ABGLEICHEN

Seit über hundert Jahren identifiziert man Verdächtige anhand von Fingerabdrücken. Doch als die Abdrucksammlungen mit der Zeit immer größer wurden, nahm der Abgleich von Abdrücken immer mehr Zeit in Anspruch. Abhilfe schaffte das 1975 eingeführte Automatisierte Fingerabdruck-Identifizierungs-System (AFIS). Damit kann man heute pro Sekunde eine Million Abdrücke vergleichen.

Fingerabdruck-Typen

Fingerabdrücke werden in vier Grundmuster eingeteilt: Wirbel, Schleifen, Bogen und Kombinationen. Jeder Typ wird dann anhand besonderer Merkmale, etwa der Anzahl und Richtung der Grate, in weitere Gruppen unterteilt.

Schleifen
Die meisten Fingerabdrücke, etwa 60–70 %, haben ein Schleifenmuster.

Kombination oder Mischung
Diese eher seltenen Abdrücke weisen Merkmale der anderen drei Abdrucktypen auf.

Wirbel
Etwa 25 % der Abdrücke zeigen ein Wirbelmuster.

RAUB FALLANALYSE

Alle Abdrücke aus der Holbrook Galerie wurden gescannt und in die AFIS-Datenbank eingegeben. Diese sucht nach Übereinstimmungen mit bekannten Verbrechern. Auch die Abdrücke aller Mitarbeiter werden nun gescannt.

Bogen
Nur etwa 5 % der Abdrücke sind Bogen.

Einschwärzen und Abrollen

Bei der traditionellen Methode der Abnahme von Fingerabdrücken werden die Fingerspitzen des Verdächtigen erst auf schwarzer Tinte hin und her gerollt und dann auf einer weißen Karte von einer Nagelseite zur anderen abgerollt.

NIMM FINGERABDRÜCKE AB

Fingerabdrücke kannst du leicht zu Hause abnehmen.

Du brauchst: Stempelkissen • Schreibblock • Lupe

1. Rolle die Spitze deines Zeigefingers auf dem Stempelkissen hin und her, bis sie gleichmäßig eingefärbt ist.

2. Rolle die Fingerspitze unter Druck auf einem Blatt Papier von deinem Schreibblock ab. Mach auf diese Art von allen Mitgliedern deiner Familie Fingerabdrücke und schreibe oben auf jedes Blatt den Namen der Person.

3. Untersuche die Abdrücke genau mit der Lupe. Wie viele der vier Grundtypen findest du? Erkennst du an zwei Abdrücken des gleichen Typs Unterschiede? Schreibe deine Ergebnisse neben jeden Fingerabdruck.

Fingerabdruck scannen

Heutzutage werden Fingerabdrücke immer häufiger elektronisch gescannt und in eine Datenbank eingegeben. Auch Abdrücke von einem Tatort lassen sich scannen. Das ist eine saubere Methode und geht ruck zuck.

Einzigartige Merkmale

Der Fingerabdruck-Experte sucht nach zwei Hauptmerkmalen: Gabelungen (a) und Endungen (b). Er notiert die Richtungen der Grate in den Gabelungen sowie Anfang und Ende der Grate. Er wählt ein paar dieser Besonderheiten aus und beurteilt dann, ob es eine Übereinstimmung gibt oder nicht.

Computerabgleich

Das AFIS vergleicht die Merkmale eines Tatortfingerabdrucks mit den Merkmalen aller Abdrücke in seiner Datenbank. Sie liefert zwar keine einzige vollkommene Übereinstimmung, aber eine Liste mit möglichen Treffern. Experten studieren sie dann, um eine Übereinstimmung zu finden.

TOXIKOLOGIE

Im Körper des Menschen finden sich zuweilen noch über Monate Spuren von allem, was er zu sich genommen hat. Die Experten, die diese Spuren finden und analysieren, heißen Toxikologen. Sie können Dopingmittel bei Sportlern, Drogen bei Süchtigen oder Gifte bei Vergiftungsopfern feststellen – anhand von Haaren, Blut oder der Atemluft.

Raub Fallanalyse

Eine Probe des Tees, der in der Holbrook Galerie verschüttet wurde, wird nun im toxikologischen Labor analysiert. Zeigt der Test Spuren von Gift, wird die Beschaffenheit des Gifts in weiteren Tests ermittelt.

Haartest

Hier präpariert ein Techniker im Labor eine Haarprobe für einen Drogentest. Spuren von Drogen und Giften werden im Haarschaft gespeichert und bleiben an ihrem Platz, wenn das Haar wächst. Ein langes Haar kann also die ganze Geschichte eines Drogenmissbrauchs speichern.

Haarlocke

Das Haar wird auf das Formular geklebt, in dem alles über den Verdächtigen steht.

Röhrchen

Jede Haarprobe kommt in ein Röhrchen. Eine spezielle Lösung entzieht ihr alle Drogenauszüge.

Haarprobe

Das Haar wird in 1 cm kurze Stücke zerschnitten – eine Art Kalender des Drogenmissbrauchs.

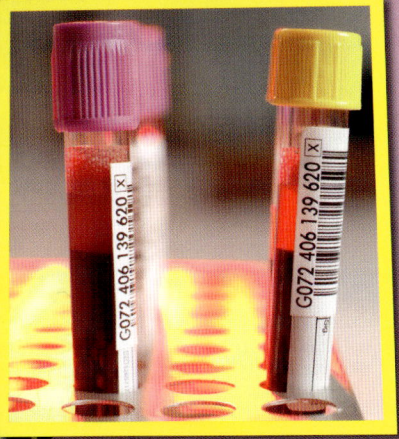

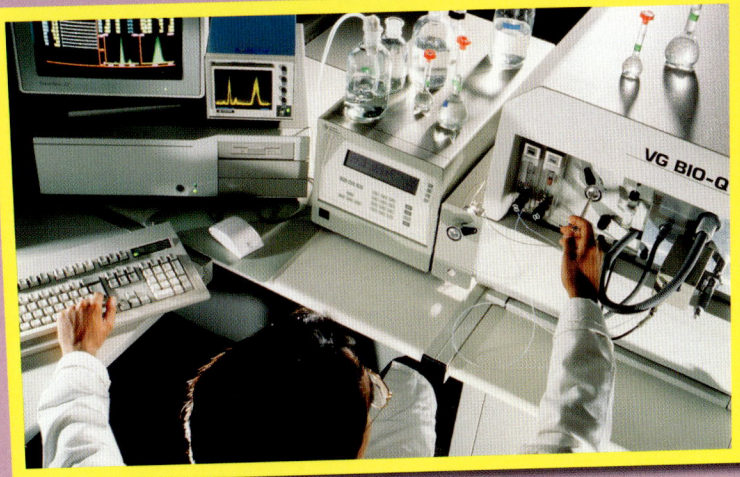

Drogentest

Der einfachste Drogentest wird in der Regel an Blut oder Urin durchgeführt. Die Probe wird dazu mit Chemikalien vermischt. Sind Drogen oder Gifte enthalten, ändert sie die Farbe.

Mengen messen

Zwei Maschinen – ein Gaschromatograf und ein Massenspektrometer (GC/MS) – messen die genauen Mengen von Drogen oder Giften in einer Probe. Das Ergebnis wird in Form einer farbigen „Fieberkurve" auf dem Bildschirm angezeigt.

TESTE CHEMISCHE EIGENSCHAFTEN

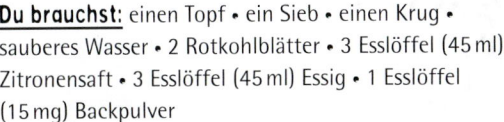
Bitte einen Erwachsenen, den Rotkohl zu kochen.

Forensiker unterziehen eine unbekannte Substanz vielen Tests. Einer davon untersucht ihre chemischen Eigenschaften – also ob sie sauer oder basisch ist. In diesem Experiment dient das Kochwasser von Kohl als Indikator: Bei Säuren wird es rot, bei Laugen violett.

Du brauchst: einen Topf • ein Sieb • einen Krug • sauberes Wasser • 2 Rotkohlblätter • 3 Esslöffel (45 ml) Zitronensaft • 3 Esslöffel (45 ml) Essig • 1 Esslöffel (15 mg) Backpulver

1. Fülle 1,5 Liter Wasser in den Topf. Zupfe die Kohlblätter in Stücke und gib sie in den Topf. Bitte einen Erwachsenen, das Wasser 5 Minuten zu kochen, lass es dann eine halbe Stunde abkühlen und gieße es durchs Sieb in einen Krug.

2. Verteile das Kohlwasser auf drei Gläser, die du von 1 bis 3 durchnummeriert hast.

3. Gib den Zitronensaft in Glas 1, den Essig in Glas 2 und das Backpulver in Glas 3. Notiere dann die Farbe, die jede einzelne Probe annimmt. Nun weißt du, welche Substanz sauer und welche basisch ist.

Bitte blasen

Der bekannteste toxikologische Test ist der Alkoholtest der Polizei. Ein Autofahrer muss dazu in ein Röhrchen blasen. Das Gerät misst dann den Alkoholgehalt in seinem Atem.

Chemischer Anschlag

Terroristen wollen mit Giftanschlägen töten und Panik erzeugen. 1995 gab es bei einem Nervengasanschlag in der U-Bahn von Tokio 12 Tote und tausende Verletzte.

SPURENSUCHE

Nach Locards Austauschprinzip – „Jeder Kontakt hinterlässt eine Spur" – hinterlässt jeder Verbrecher am Tatort Spuren, und wenn er flieht, nimmt er auch ungewollt Beweisspuren vom Tatort mit. Winzige Teilchen wie Haare, Kleidungsfasern, Farbflecken oder Erde bringen den Verdächtigen mit dem Tatort in Verbindung und helfen der Polizei, den Täter festzunageln.

Spuren verfolgen

Der Täter hinterlässt stets Spuren am Tatort. Die Ermittler halten auch nach winzigen Spritzern und Teilchen Ausschau, die wichtige Beweise sein könnten.

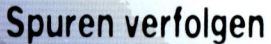

Verräterisches Haar

Eine Haarsträhne kann auf einen Verdächtigen hinweisen, wenn die Farbe übereinstimmt. Aus der Haarwurzel lässt sich DNA gewinnen. Viele Kriminelle tragen Mützen, um keine Haare zurückzulassen.

Verlorene Spuren

Unsere Kleidung verliert ständig winzige Fasern. Zum Abgleich einer verdächtigen Probe überprüfen die Experten Einzelheiten wie Durchmesser und Form jeder Faser, Webart, die Anzahl der enthaltenen Fasern sowie die Art der Farbe.

Schuhabdrücke

Fußabdrücke am Tatort können Beweise gegen einen Verdächtigen sein. Noch belastender sind Schuhsohlen, an denen sich Teppichfasern oder Farbflecke finden, die mit denen am Tatort übereinstimmen.

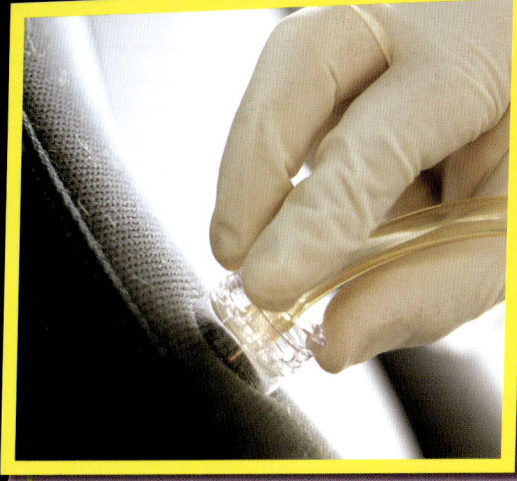

Lackschichten

Autos werden oft in drei Schichten lackiert. Die Datenbanken der Polizei enthalten die Farbpaletten der Hersteller. Stimmen Proben vom Tatort mit denjenigen vom Verdächtigen überein, ist das ein Indiz.

Spuren sammeln

Die Ermittler tragen Handschuhe, damit der Tatort nicht durch ihre eigenen Spuren verunreinigt wird. Sie saugen Haare und Fasern mit einem kleinen Sauggerät auf ein Filterpapier, das dann in eine versiegelte, beschriftete Plastiktüte kommt und ins Labor geschickt wird. Sind die Spuren auf einer kleinen Fläche konzentriert, können sie mit Klebeband abgenommen werden.

WO IST DER VERDÄCHTIGE GEWESEN?

Finde heraus, wo der Verdächtige gewesen ist, indem du Pflanzensamen an Schuhen und Kleidern analysierst.

Du brauchst: ein Paar alte Socken • Pinzette • weißes Papier • Lupe

1. Ziehe die alten Socken über deine Schuhe und gehe darin durch den Garten oder mit einem Erwachsenen durch den Park. Zupfe mit der Pinzette zu Hause alle Samen aus den Socken und lege sie auf das weiße Papier.

2. Untersuche die Samen mit der Lupe und sortiere sie nach Arten. Weißt du, von welchen Pflanzen sie stammen? Bitte einen Erwachsenen, dir zu helfen, oder pflanze die Samen in mit Erde gefüllte Blumentöpfe, um zu sehen, was daraus sprießt.

Elektronenmikroskop

Die Experten untersuchen und bestimmen unter dem Elektronenmikroskop Objekte vom Tatort und schauen sich Einzelheiten der Oberfläche genauer an. Hier fand sich Pulver an einem Kleidungsstück. Das Elektronenmikroskop enthüllt winzigste Details, die 10 000-mal kleiner sind als der Durchmesser eines Haars.

RAUB FALLANALYSE

Im Labor untersuchen Forensiker die Kleidung, die die Angestellten der Holbrook Galerie am Tag des Raubüberfalls trugen, ganz genau. Glassplitter in Jackensäumen oder an Schuhsohlen könnten belastende Beweise sein.

RAUB

Dokumentation

Verdächtiger

Name: Ed Kolowski

Alter: 45

- Direktor der Holbrook Galerie
- War mit Karen Shooter zusammen, von 15.30 Uhr bis 16.40 Uhr, als sie ging. Blieb im Büro bis 17.10 Uhr, betrat dann den Hauptausstellungsraum und entdeckte das Verbrechen.
- Lebt auf großem Fuß und ist deshalb fast pleite.

Würde Kolowski seine eigene Galerie bestehlen, selbst wenn er dringend Geld braucht?

Name: Ed Kolowski
Finger: Zeigefinger

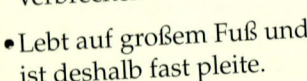

Verdächtige

Name: Karen Shooter

Alter: 52

- Kunsthändlerin. War seit Monaten für einen reichen Kunden hinter dem Bild her.
- War an diesem Nachmittag in der Galerie, um dem Direktor ein neues Angebot für *Blue Mood* zu machen.
- Polizeiakten zufolge wurde sie kürzlich des Handels mit gestohlenen Kunstwerken verdächtigt, aber es gab zu wenig Beweise.

Gestohlene Kunst zu verkaufen ist nicht leicht, besonders wenn sie sehr berühmt ist, aber Shooter hätte die Kontakte.

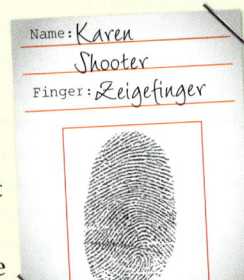

Name: Karen Shooter
Finger: Zeigefinger

Erneuter Kunstraub!

VON FRANK BAINES

Blue Mood, ein wertvolles Gemälde von Pop-Art-Künstler Stefan Holbrook, ist aus der Holbrook Galerie in der Stadtmitte verschwunden.

Das Bild wurde am späten Nachmittag aus dem zweiten Ausstellungsraum entfernt. Die Polizei rätselt, wie der Dieb unerkannt entkommen konnte.

Dies ist der dritte spektakuläre Kunstraub in Folge. Immer waren Galerien in der Stadt betroffen. Die Polizei verdächtigt Insider, konnte dies bislang aber nicht beweisen.

Fingerabdruck-Bericht

Fingerabdruck von der Lampe in der Holbrook Galerie

Zeigefingerabdruck vom Tatort

Man fand Fingerabdrücke aller vier Verdächtigen in der Galerie, aber nur einen Satz an der Lampe, mit der die Kamera weggestoßen wurde.

Vergleiche den Abdruck vom Tatort (links) mit denjenigen der vier Verdächtigen. Wer verstellte mithilfe der Lampe die Kamera?

POLIZEINOTIZEN

Die Galerie hat nur einen Eingang, über dem Empfang. Alle Fenster waren verschlossen und es gab keine Einbruchsspuren.

16.15 Letzte Besuchergruppe verlässt das Gebäude. Das Bild ist noch an der Wand.

16.30 Jimmy O'Brien geht mit einer Tasse Tee in den Ausstellungsraum.

16.40 Karen Shooter verlässt das Gebäude.

17.10 Ed Kolowski betritt den Raum und entdeckt die Tat.

Verdächtiger

Name: Jimmy O'Brien

Alter: 37

- Wachmann der Galerie, lag bewusstlos am Tatort.

- Er sagt, er habe sich um 16.20 Uhr in der Küche eine Tasse Tee gemacht, sie aber kurz unbeaufsichtigt gelassen, als er zur Toilette ging. Nahm die Tasse mit in den Ausstellungsraum, fühlte sich aber auf einmal schwach und wurde ohnmächtig. Kann sich weiter an nichts erinnern.

- Arbeitet erst seit ein paar Monaten in der Galerie. Typ Einzelgänger.

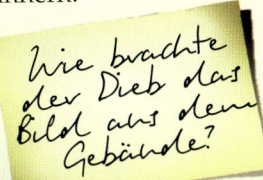

Name: Jimmy O'Brien
Finger: Zeigefinger

Wie brachte der Dieb das Bild aus dem Gebäude?

Spurensuche

Analyse von Lack- und Glasspuren

Spuren von weißem Lack wurden an der Lampe in der Galerie gefunden. Tests ergaben, dass der Lack von der Überwachungskamera an der Decke stammt. Offenbar wurde sie mit der Lampe beiseite gestoßen.

Am Bilderrahmen wurden keine Werkzeugspuren gefunden. Das Bild wurde einfach aus dem Rahmen genommen.

Schuhe und Kleidung aller Verdächtiger wurden auf Spuren untersucht. Winzige Glassplitter wurden an den Schuhen von Jimmy O'Brien und Ed Kolowski gefunden.

HOLBROOK GALERIE GRUNDRISS

EMPFANG | GALERIE 1 | GALERIE 2
GANG | BÜRO
WC | KÜCHE

Bild wurde hier gestohlen

Verdächtige

Name: Anna Berkhout

Alter: 23

- Kunststudentin, arbeitet in Teilzeit am Empfang.

- Sagt, sie war den ganzen Nachmittag am Empfang. Die letzten Besucher seien um 16.15 Uhr gegangen. Nach Karen Shooter um 16.40 Uhr habe keiner mehr das Haus verlassen.

- Mag Holbrooks Werk, missbilligt den Direktor.

Name: Anna Berkhout
Finger: Zeigefinger

Kettete sich einmal an ein berühmtes Bild, als es an einen Bieter im Ausland verkauft werden sollte.

Toxikologischer Bericht

Analyse des verschütteten Tees neben Jimmy O'Brien

Der neben Jimmy O'Brien auf dem Boden verschüttete Tee enthielt Spuren eines Schlafmittels, das in Apotheken frei erhältlich ist.

Die gefundene Dosis reichte für einen Tiefschlaf aus, war aber nicht gesundheitsschädlich.

Wer hat den Tee präpariert? Wieso wusste er/sie, dass sich O'Brien Tee kochen würde?

Wessen Spuren verbinden ihn/sie mit dem Tatort?

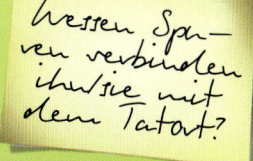

BRANDSTIFTUNG

Tatortanalyse

Durch einen nächtlichen Anruf erfährst du von einem verdächtigen Brand im Lagerhaus der Glad Rags Textilfabrik. Zum Glück verständigte ein Passant die Feuerwehr, bevor die Flammen allzu viel Schaden anrichteten. Am frühen Morgen erschien die Spurensicherung am Tatort und sicherte verdächtige Gegenstände für die forensische Analyse. Das Feuer wurde anscheinend vorsätzlich gelegt. Sieh dir die Gegenstände unten an – teilst du diese Meinung? Informiere dich über die forensischen Tests, damit du weißt, was diese Hinweise enthüllen könnten. Inzwischen vernimmt die Polizei alle, die mit dem Lagerhaus zu tun haben, und den Anrufer. Schau dir die Ergebnisse auf Seite 38–39 an. Kommst du dem Brandstifter auf die Schliche?

Eingebrochen

Das Türschloss wurde aufgebrochen. Der Schaden am Türrahmen verrät den Ermittlern, welches Werkzeug verwendet wurde. Mehr erfährst du auf Seite 34–35.

Schuhabdrücke

Ein Schuhabdruck ist ein wichtiges Beweisstück, wenn er mit dem Schuh eines Verdächtigen übereinstimmt. Mehr darüber auf Seite 34–35.

Zündquelle

Eine brennende Zigarre liegt nahe dem Brandherd auf dem Boden. Hat der Täter damit den Brand ausgelöst? Führt sie zu einem der Verdächtigen? Auf Seite 32–33 erfährst du mehr über Brandermittlungen.

Computerfestplatte

Der Computer kommt sofort ins Labor. Auf seiner Festplatte könnten sich Hinweise auf ein mögliches Motiv finden. Mehr über Computerforensik auf Seite 36–37.

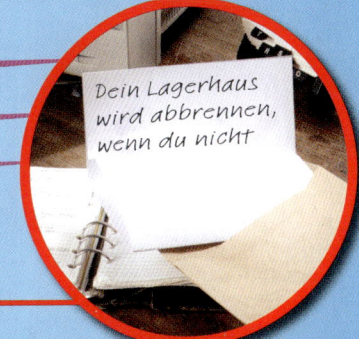

Drohbrief

Ein Brief mit einer Branddrohung liegt unversehrt auf dem Schreibtisch. Die Handschrift muss mit der aller Verdächtigen verglichen werden. Mehr über die Dokumentforensik auf Seite 36–37.

Brandbeschleuniger

Die Ermittler haben den Brandherd gefunden. Sie suchen nun Spuren von Benzin oder anderen Brandbeschleunigern. Proben von teilweise verbrannten Kleidungs- und Möbelstücken kommen zur Untersuchung ins Labor. Weitere Informationen dazu findest du auf Seite 32–33.

ARCHIV

2004 wütete ein verheerendes Feuer in einem Londoner Lagerhaus voller wertvoller Kunstwerke. Es war so vernichtend, dass die Experten nicht mehr ermitteln konnten, ob der Brand zufällig entstand oder vorsätzlich gelegt wurde.

BRAND UND EXPLOSION

Wird ein Gebäude durch ein verheerendes Feuer oder eine Bomben-explosion zerstört, ist der Tatort schwer beschädigt. Löschmaßnah-men können die Lage noch verschlimmern, sodass die Ermittler nur verkohlte Reste finden. Doch selbst dann gibt es wahrscheinlich noch Indizien. Nach einer Explosion können Bombensplitter und Spreng-stoffspuren zu den Tätern führen.

Brandbekämpfung

Die Feuerwehr rettet natürlich an erster Stelle Leben. Aber an zweiter bemüht sie sich, den Tatort so gut wie möglich zu erhalten.

Spürhunde

Brandermittler suchen mithilfe von Spürhunden nach Brandbeschleunigern.

Die Ausrüstung

Brandermittler sind für die Spurensuche in unsicheren Ge-bäuden bestens ausgerüstet.

Stablampe

In einem durch Feuer be-schädigten Gebäude ohne Licht geht ohne eine Stablampe nichts.

Gas-analysator

Damit spürt man Brand-beschleuniger auf. Kristalle im Röhrchen ändern die Farbe, wenn Spuren von Beschleunigern in der durchgeleiteten Luft sind.

Axt und Kettensäge

Mit der Axt werden Bauteile in brandgeschä-digten Gebäuden zur Untersuchung entfernt. Die Kettensäge zerlegt den mit Beschleunigern ge-tränkten Fußbodenbelag für die Laboranalyse.

Verkohlte Reste sieben

Bei einem Brand verfolgt man die Rußmuster zu ihrem Ursprung oder „Herd". Zufällig entstandene Brände gehen von einer Stelle aus – mehrere Herde sind daher verdächtig. Dann wird nach Spuren von Brandbeschleunigern gesucht.

Br and FALLANALYSE

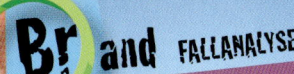

Am Tatort folgern die Ermittler, dass der Brand wohl vorsätzlich gelegt wurde. Am Brandherd haben sie eine Zigarre gefunden: die mögliche Zündquelle. Sie vermuten auch, dass der oder die Täter einen Brandbeschleuniger eingesetzt haben.

Forensische Analyse

In versiegelten Gläsern werden Reste möglicher Brandbeschleuniger ins Labor gebracht. Dort wendet man das Verfahren der Massenspektrometrie an, das Chemikalien anhand der Masse ihrer Moleküle ermittelt.

BASTLE EINEN FEUERLÖSCHER

Ein Feuer braucht Wärme, Brennstoff und Sauerstoff, um zu brennen. Kohlendioxid ist dichter als Sauerstoff, es kann also nichts darin brennen. Das macht es zu einem idealen Material für einen Feuerlöscher.

Du brauchst: kleine Kerze • flache Schüssel • Zündholz • Flasche • Backpulver • Essig

1. Stelle die Kerze in die Schüssel und zünde sie an. Schütte das Backpulver in die Flasche und gib etwas Essig dazu.

2. Die Mischung sprudelt und gibt Kohlendioxid ab, ein unsichtbares Gas. Verschließe die Flasche gut mit deinem Daumen, damit das Gas nicht entweicht.

3. Nähere die Flasche nun vorsichtig mit der Öffnung der Flamme und ziehe dann den Daumen weg. Das dichte Kohlendioxid verdrängt den Sauerstoff und löscht somit die Flamme.

Zünde die Kerze nur in Gegenwart eines Erwachsenen an.

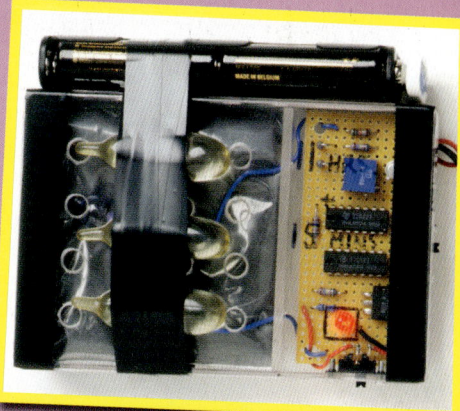

Anatomie einer Bombe

Die Irische Republikanische Armee (IRA) bastelte diese Bombe mit Batterien, Feuerzeugbenzin und einem Schaltbrett. Bombenteile, die nach einer Explosion gefunden werden, führen manchmal zu ihrem Urheber.

SPUREN UND ABDRÜCKE

Die meisten Verbrecher wollen unerkannt entkommen. Sie tragen Handschuhe, um keine Fingerabdrücke zu hinterlassen, Masken, um ihr Gesicht zu bedecken, und Mützen, damit keine Haare zurückbleiben. Aber ihre Schuhe, Werkzeuge und Fluchtfahrzeuge hinterlassen Spuren am Tatort. Manchmal werden diese Spuren zu handfesten Beweisen.

Reifenspuren

Auf dem Land hinterlässt ein Fluchtfahrzeug ziemlich sicher Reifenspuren. Die Spurensucher messen den Abstand zwischen den beiden Spuren und die Breite jedes Profilabdrucks. So wissen sie, von welchem Fahrzeugtyp die Spuren stammen.

Reifenabguss

Erst werden die Reifenspuren fotografiert, dann wird ein Abguss von ihnen gemacht. Abgenutzte Reifen hinterlassen einzigartige Spuren, die sich im Abguss deutlich zeigen.

Werkzeugspuren

Schäden an einem Fensterrahmen von einem Schraubendreher scheinen als Beweise vielleicht nicht so wichtig. Doch keine zwei Werkzeuge sind identisch – das heißt, sie hinterlassen unterschiedliche Spuren. Im Labor erstellte Abgüsse dieser Spuren erleichtern Vergleiche mit verdächtigen Werkzeugen.

Abnutzung

Die Schrammen und Macken an diesem Abdruck vom Tatort (rechts) stimmen mit denjenigen an der Schuhsohle eines Verdächtigen (links) überein. Für die Ermittler ist dies ein eindeutiger Beweis.

Brand FALLANALYSE

Die Werkzeugspuren am Türrahmen werden analysiert, der Schuhabdruck wird in die Schuhdatenbank eingescannt. Es gibt zwar keine Übereinstimmung mit anderen Schuhabdrücken von Tatorten, aber vielleicht mit den Schuhen eines der Verdächtigen.

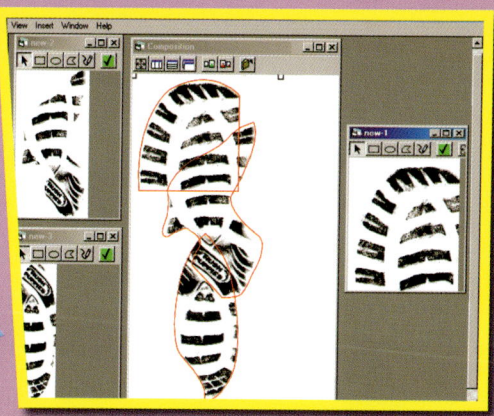

Schuhdatenbank

Anhand einer Datenbank, die Schuhabdrücke von Tatorten sowie Sohlen der Hersteller enthält, können Abdrücke vom Tatort mit denen bekannter Verbrecher abgeglichen werden.

MACH EINEN ABGUSS VON DEINEM SCHUHABDRUCK

Die Kriminalisten studieren an Abgüssen von Schuhabdrücken einzigartige Spuren, die einen Verdächtigen überführen könnten. Hier erfährst du, wie du von deinem Schuhabdruck einen Gipsabguss machst.

Du brauchst: • einen gut eingelaufenen Turnschuh • Gips • Wasser • alte Schuhschachtel ohne Boden • weiche Erde • Pinsel • Lupe

1. Ziehe den Turnschuh an und mach einen Abdruck in die Erde. Stelle die Schuhschachtel ohne Boden darauf.

2. Mische den Gips nach Vorschrift mit Wasser an und gieße ihn über den Schuhabdruck. Lass ihn etwa eine Stunde trocknen.

3. Nimm den Abdruck heraus. Lass ihn im Haus über Nacht auf Zeitungspapier trocknen. Pinsle lose Erde ab und betrachte den Abguss mit der Lupe. Erkennst du einzigartige Merkmale? Mach auch Abgüsse vom Schuhabdruck deiner Freunde und vergleiche sie.

Bankbetrug

Hier studieren Beamte vom Betrugs-
dezernat die Aufzeichnungen eines
Bankcomputers. Eine gängige Form
des Bankbetrugs ist das Abschöpfen
kleinerer Geldmengen von tausenden
von Bankkonten.

Zugang zum Datenspeicher

Auf der Festplatte eines Computers sind
alle eingegebenen Daten gespeichert,
auch die scheinbar gelöschten. Bei einem
beschlagnahmten Computer kopieren die
Beamten zuerst die Festplatte, damit das
Original unverändert bleibt.

Forensische Analyse

COMPUTER- UND DOKUMENTFORENSIK

Viele Verbrechen werden heute mithilfe von Computern begangen – von
herkömmlichen Straftaten über Bankbetrug bis zum Hacken. Die Computerforensik ist eine neue Wissenschaft, die derartige Vergehen bekämpft.
Auch bei der Untersuchung von Schriftstücken werden immer ausgefeil-
tere Methoden eingesetzt, darunter die literarische Forensik.

MACH EINEN CHROMATOGRAFIETEST

Die Chromatografie ist eine Technik, mit der man die einzelnen Bestandteile eines Gemischs trennt. Damit lassen sich einzelne Tinten identifizieren, denn selbst gleichfarbige Tinten bestehen aus unterschiedlichen Mengen von Farbpigmenten.

Du brauchst: Kaffeefilter, in drei 2–3 cm breite Streifen geschnitten • drei wasserlösliche Filzstifte • drei Gläser, 1 cm hoch mit Leitungswasser gefüllt • Büroklammern • Stift • Küchenpapier

1. Male einen Farbkreis auf einen Filterstreifen, und zwar im Abstand von 1,5 cm vom unteren Ende. Male die anderen Streifen auf die gleiche Art mit den beiden anderen Stiften an.

2. Klemme jeden Streifen von innen an ein Glas, sodass er ins Wasser ragt. Das Wasser sollte aber nicht ganz an den Farbkreis heranreichen. Beobachte, wie es im Streifen hochsteigt, bis der ganze Streifen feucht ist.

3. Nimm die Streifen aus dem Wasser und lege sie auf Küchenpapier. Die Tintenfarben haben sich in verschiedene Muster getrennt; man nennt diese chromatografische Muster.

grün

schwarz

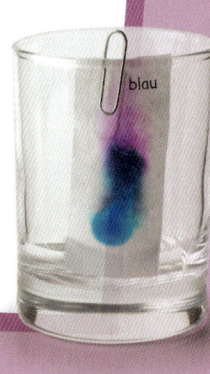

blau

Literarische Analyse

Handschriftenexperten beurteilen anhand etwa der Abstände, Höhen und Neigung von Buchstaben, ob zwei Dokumente, wie die Unterschriften links, von ein und derselben Person stammen. Bei anonymen Briefen bestimmen literarische Forensiker aufgrund der verwendeten Sprache die Identität des Autors.

ECHT

FALSCH

Br and FALLANALYSE

Der Drohbrief ist ein wertvolles Beweisstück. Ein Handschriftenexperte überprüft die Buchstabenform auf eine Übereinstimmung mit der Schrift der Verdächtigen. Andere Beamte studieren den Inhalt der Computerfestplatte.

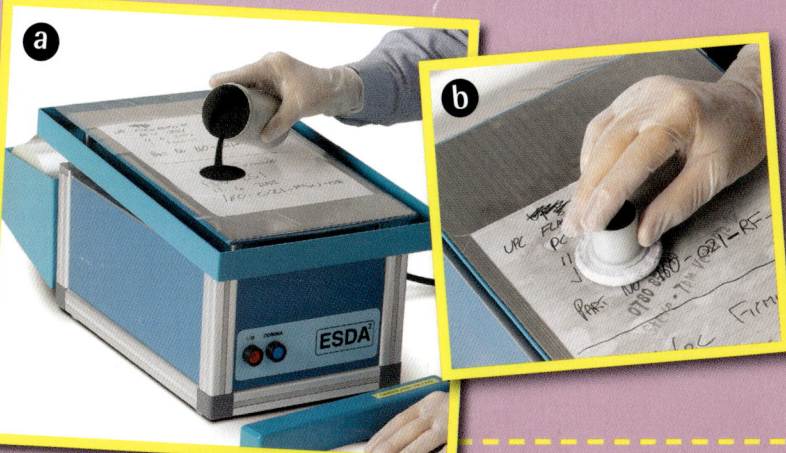

Verborgener Abdruck

Auf einem Schreibblock drückt sich das Geschriebene auf das folgende Blatt durch. Ein sehr leichter Abdruck lässt sich mit einem elektrostatischen Erkennungsapparat (ESDA) sichtbar machen. Auf das verdächtige Blatt wird Toner gestäubt (a); eine statische Ladung saugt ihn in die Vertiefungen (b) – und schon kann man den bislang unsichtbaren Text lesen!

BRAND
Dokumentation

Computerforensischer Bericht

Auf der Festplatte gefundene Finanzdaten

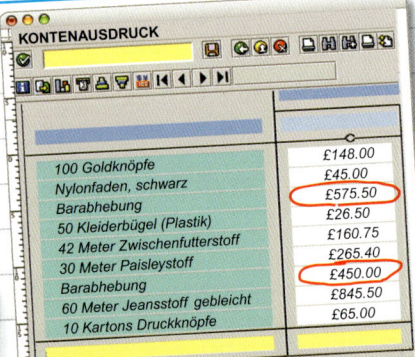

KONTENAUSDRUCK	
100 Goldknöpfe	£148.00
Nylonfaden, schwarz	£45.00
Barabhebung	£575.50
50 Kleiderbügel (Plastik)	£26.50
42 Meter Zwischenfutterstoff	£160.75
30 Meter Paisleystoff	£265.40
Barabhebung	£450.00
60 Meter Jeansstoff gebleicht	£845.50
10 Kartons Druckknöpfe	£65.00

Die Untersuchung der Computerfestplatte hat gezeigt, dass die Firma in großen Geldschwierigkeiten steckt. Jemand scheint jedoch auch über einen langen Zeitraum Geld von den Firmenkonten abgeschöpft zu haben. Die Aufstellung links weist einige der großen Barabhebungen aus.

Verdächtiger

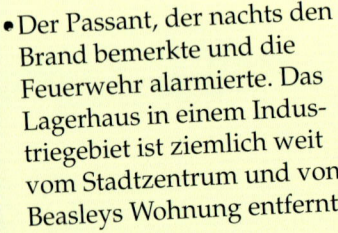

Name: Michael Beasley

Alter: 37

- Der Passant, der nachts den Brand bemerkte und die Feuerwehr alarmierte. Das Lagerhaus in einem Industriegebiet ist ziemlich weit vom Stadtzentrum und von Beasleys Wohnung entfernt.

- Er ist ein wegen Diebstahl und Vandalismus bekannter Kleinkrimineller.

* Was hatte er so spät in der Nacht noch in der Gegend zu suchen? Brandstifter bleiben manchmal am Tatort und alarmieren die Feuerwehr, um als „Held" dazustehen ...

Verdächtiger

Name: Karl Caudwell

Alter: 49

- Manager des Lagerhauses, arbeitet dort seit Jahren.

- Zuständig für die laufenden Geschäfte und die Buchhaltung.

- Sagt, er sei zur Zeit des Brandes zu Hause bei seiner Frau Louise gewesen und sie hätten beide geschlafen.

NB: Kein wasserdichtes Alibi.

Bericht des Brandermittlers

Am Tatort gefundene Zigarre

Die Proben des verbrannten Materials weisen Spuren eines Brandbeschleunigers auf, vermutlich Benzin. Vor dem Gebäude wurden leere Benzinkanister gefunden, aber ohne Fingerabdrücke.

Das Feuer wurde wohl mit der am Tatort gefundenen Zigarre entzündet. Wir vermuten, dass jemand die brennende Zigarre auf die benzingetränkten Lagerkisten geworfen hat.

Zigarre vom Tatort

ZEUGENAUSSAGE

Joyce Evans – Putzhilfe

Sie sagt, am Abend vor dem Brand habe es im Lagerhaus einen heftigen Streit zwischen Richard Gibbs und Katherine Holden gegeben. Er wollte, dass sie ihm die Firma zu einem Schleuderpreis verkauft. Sie sagte, sie wisse, dass sie verkaufen müsse, aber bestimmt nicht an ihn. Auch Karl Caudwell sei zugegen gewesen.

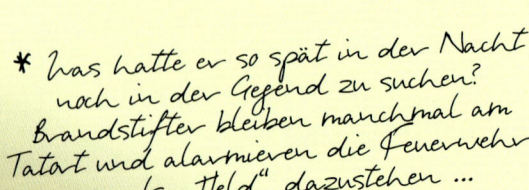

Verdächtige

Name: Katherine Holden

Alter: 32

- Inhaberin von Glad Rags.

- Gibt zu, dass die Firma ernste Probleme hat und sie ihr Haus zu verlieren droht.

- Kassiert wahrscheinlich eine große Schadenssumme.

- Erwähnt ihren Streit mit Richard Gibbs vom Vorabend; er sei aggressiv gewesen.

- Bestätigt den Eingang eines Drohbriefs, der den Brand ankündigte. Sie nahm an, er sei von Richard Gibbs.

- Sagt, sie sei am frühen Abend im Lagerhaus gewesen, sei aber zum Zeitpunkt des Brands zu Hause im Bett gewesen.

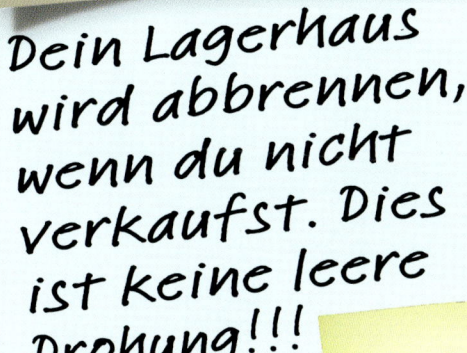

Abdrücke und Spuren

Vom Brandstifter hinterlassene Fußabdrücke und Werkzeugspuren

Die Untersuchung der Spuren um den Türrahmen ergibt, dass die Tür mit einem Brecheisen aufgebrochen wurde. Ein Eisen, das diese Spuren verursacht haben könnte, wurde vor Richard Gibbs Garage gefunden.

Die Schuhabdrücke vom Tatort waren verwischt. Der deutlichste wurde fotografiert (links).

Stammt der Abdruck von einem der Verdächtigen?

Dein Lagerhaus wird abbrennen, wenn du nicht verkaufst. Dies ist keine leere Drohung!!!

Der Drohbrief vom Tatort

Schriftanalyse

Drohbrief

Keine Übereinstimmung zwischen der Handschrift auf dem Drohbrief und Schriftproben der vier Verdächtigen gefunden.

Mit dem ESDA-Apparat wurde ein Schriftabdruck auf dem Papier des Drohbriefs sichtbar gemacht (siehe links). Allerdings gab es auch hier keine Übereinstimmung von Handschriften, und kein Name der Verdächtigen beginnt mit L.

Verdächtiger

Name: Richard Gibbs

Alter: 41

- Inhaber der Konkurrenzfirma Allstar Apparel.

- Allgemein bekannt, dass er seine Konkurrentin aus dem Geschäft drängen will.

- War in der Brandnacht auf einer Wohltätigkeitsauktion am anderen Ende der Stadt. Wurde zuletzt eine halbe Stunde vor der Verständigung der Feuerwehr gesehen.

Raucht die gleiche Zigarrenmarke, die am Tatort gefunden wurde – aber warum sollte er belastende Beweise hinterlassen?

FÄLSCHUNG

Tatortanalyse

Eine Polizeistreife bemerkt an einem Sonntagnachmittag eine ungewöhnliche Aktivität in der Druckerei Night Fly Printers. Der Polizist tritt durch die offene Tür ein. Er traut seinen Augen nicht: Im ganzen Raum stapeln sich gefälschte Banknoten. Die Druckerpresse, die sonst Kataloge und Prospekte druckt, produziert massenhaft Falschgeld. Draußen vor dem Fenster erblickt der Beamte eine schattenhafte Gestalt. Er ruft dich an den Tatort. Unten siehst du, was die Spurensicherung für die forensische Analyse gesichert hat. Verfolge die Ermittlung, lies die Berichte auf Seite 50–51 und nutze deinen detektivischen Scharfsinn, um den Fälscher zu fassen.

Augenzeuge

Sam Barnes ging draußen mit seinem Hund Gassi. Als das Polizeiauto vorfuhr, sah er jemanden aus der Hintertür der Druckerei herauslaufen. Mehr über Augenzeugenaussagen erfährst du auf Seite 46–47.

Computerfestplatte

Auf einem Laptopbildschirm sieht man einen Falschgeldschein. Die Experten werden die Festplatte kopieren und auf Beweise untersuchen. Mehr über Computerforensik findest du auf Seite 36–37.

Seriennummern

Echte Banknoten sind aus Sicherheitsgründen einzeln nummeriert, Fälschungen aber haben die gleichen Seriennummern. Mehr über Falschgeld und wie du es erkennen kannst, erfährst du auf Seite 44–45.

Fingerabdrücke

Die Druckpresse ist übersät mit Abdrücken. Sie werden mit den Abdrücken der Mitarbeiter abgeglichen. Wie Fingerabdrücke gesichert und abgeglichen werden, erfährst du auf Seite 18–21.

Materialien

Der Fälscher hat Papier und Tinten gebraucht, um das Falschgeld zu drucken. Ihre Herkunft könnte die Ermittler auf ihrer Suche nach dem Täter einen wesentlichen Schritt weiter bringen.

Blutfleck

Auf einigen Scheinen ist ein verdächtiger Fleck. Hat sich der Fälscher an einer Maschine geschnitten? Um diesen Verdacht zu erhärten, werden die Banknoten in einem serologischen Labor forensisch untersucht. Über serologische Tests kannst du dich auf Seite 48–49 informieren.

ARCHIV

Der Amerikaner Frank Abagnale fälschte um 1960 Schecks in Höhe von 2,5 Millionen Dollar. Er begann seine Karriere mit 16 und wurde mit 21 Jahren in 26 Ländern gesucht. Heute berät er Banken, wie sie sich vor Betrügern schützen können.

FÄLSCHUNGEN

Gefälscht wird heutzutage vieles – manches in erstaunlicher Qualität. Dank moderner Grafikprogramme sowie Drucker und Scanner ist das Geldfälschen am Computer fast schon ein Kinderspiel. Riesige Mengen gefälschter Markenklamotten werden auf der ganzen Welt verkauft. Und geschickte Kunstfälscher können mit nachgemalten Bildern den großen Reibach machen. Forensiker und Kriminalbeamte arbeiten Hand in Hand, um Fälschungen aufzuspüren oder sie zu vereiteln.

Echtes Geld oder Blüten?

Alle diese Euroscheine wurden von Experten als falsch entlarvt. Immer raffiniertere Sicherheitsmerkmale auf den Banknoten sollen das Geldfälschen erschweren. Dieses Geld könnte zwar nachgeahmt werden, aber das wäre so teuer, dass sich das Fälschen nicht lohnt.

Tiefdruck

Bei der teuren Tiefdruck-technik wird mit gravierten Platten ein erhabenes Bild erzeugt. Billigere Druck-verfahren erzielen diese Ergebnisse nicht und sind somit leicht erkennbar.

Hologramme

Dreidimensionale Bilder dienen seit 1989 als Sicherheitsmerkmale auf Banknoten. Die durch ein kompliziertes fotogra-fisches Verfahren erzeugten Hologramme sind sehr schwer zu kopieren.

Sicherheitsfaden

Der durch das Papier geflochtene oder aufgedruckte Metallfaden ist ganz schwer zu fälschen. Bei manchen Scheinen wie bei der amerikanischen Dollarnote ist zusätzlich der Wert auf den Faden aufgedruckt.

45

Kunstfälscher

Der britische Maler Tom Keating (hier in seinem Atelier) behauptete, über 2000 Bilder im Stil berühmter Künstler produziert zu haben. Nach seinem Tod wurden seine Fälschungen selbst zu wertvollen Sammlerstücken.

Fälschung FALLANALYSE

Die Fälschungsexperten untersuchen nun das bei Night Fly entdeckte Falschgeld. Sie wollen wissen, wie gut und nach welcher Methode es gemacht ist. Das wird ihnen helfen, künftig ähnlichen Fälschungen auf die Spur zu kommen.

Fälschungen scannen

Passscanner suchen bei ultraviolettem Licht verborgene Sicherheitsmerkmale, die bei einer Fälschung fehlen. Sie entlarven Veränderungen am Passbild und greifen auf die Datenbanken gesuchter Täter zu.

ENTDECKST DU DIE FÄLSCHUNG?

STUDENTENAUSWEIS

STUDENT

VORNAME: Juan
NACHNAHME: Castalino

Juan Castalino

AUSSTELLUNGSDATUM:
31.04.2007

SIC

9664 664 5647 483

Perfekte Fälschungen sind schwer hinzukriegen – erfahrene Ermittler finden die Fehler leicht.

Schau dir die Ausweise genau an.

Siehst du, welcher Ausweis echt und welcher gefälscht ist? Beachte die Sicherheitsmerkmale.

Siehst du die Fehler?
Vergleiche beide Ausweise – wie viele Fehler entdeckst du auf der Fälschung? Die Auflösung steht auf Seite 72.

STUDENTENAUSWEIS

STUDENT

VORNAME: Maria
NACHNAME: Lamenberg

Maria Lamenberg

AUSSTELLUNGSDATUM:
16.04.2007

SIC

9664 6645 46437 2352

Gefälschte Uhren

Ein US-Zollbeamter fährt mit der Dampfwalze über 17 000 gefälschte Designeruhren. Durch gefälschte Markenware werden die Designer um ihr Honorar betrogen, und sie finanziert das organisierte Verbrechen.

DEN TÄTER ÜBERFÜHREN

Verbrecher werden selten allein aufgrund forensischer Beweise verurteilt. Vor Gericht zählt die Indentifizierung durch Augenzeugen oder Überwachungskameras viel mehr als Fußabdrücke oder Haare. Gibt es keine Augenzeugen, muss der Kommissar zunächst Unschuldige ausschließen. Den Hauptverdächtigen befragt er dann im Vernehmungsraum: Hat er etwas zu verbergen?

Fälschung FALLANALYSE

Sam Barnes sah jemanden weglaufen, als er bei der Night Fly Druckerei vorbeikam. Nun erstellt er zusammen mit einem Kripobeamten auf dem Polizeirevier das Gesicht des Flüchtigen am Computer. Ein solches Bild nennt man Phantombild.

Täterprofil

Die Art, wie Verbrechen begangen werden, verrät den Ermittlern, ob die Täter Berufsverbrecher oder z. B. Teenager sind. Muster in den Methoden von Wiederholungstätern helfen, den Verbrecher zu identifizieren.

Von der Kamera erfasst

Überwachungskameras beweisen, dass ein Täter am Tatort war. Eine Gesichtserkennungssoftware gleicht die Gesichter der Gefilmten mit Fotos in einer Verbrecherdatei ab.

VERDÄCHTIGE DURCH AUSSCHLUSS IDENTIFIZIEREN

Die möglichen Verdächtigen

1. Vor einem Ausschluss ist jeder verdächtig.

Alle Männer

2. Der Ausschluss aller Frauen reduziert den Pool um die Hälfte.

Männer von 15–35

3. Nun werden die unter 15- und die über 35-Jährigen ausgeschlossen.

Männer von 15-35, über 180 cm groß

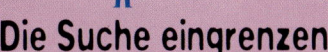

4. Wer kleiner ist als 180 cm, wird ausgeschlossen.

Die Suche eingrenzen

Durch das Ausschlussverfahren wird die Menge der möglichen Verdächtigen eingegrenzt. Körperliche Merkmale wie Geschlecht, Größe und Alter reduzieren die Zahl rasch. Bei ungewöhnlichen Merkmalen wie Linkshändigkeit können die Kripobeamten den Kreis der Verdächtigen noch stärker beschränken.

Ein Gesicht rekonstruieren

Mit moderner Software kann man das Gesicht eines Verdächtigen nach den Angaben des Augenzeugen rekonstruieren, indem man einzelne Merkmale aus der Datenbank des Computers zusammensetzt. Die Schwäche des Verfahrens liegt im Gedächtnis des Zeugen, das meist unzuverlässig ist.

Lügendetektor

Bei der Vernehmung von Verdächtigen müssen die Ermittler herauskriegen, ob diese die Wahrheit sagen. Ein Polygraf oder Lügendetektor (links) überwacht den Herzschlag und Blutdruck des Sprechenden – wenn er lügt, sind sie erhöht.

BIST DU EIN GUTER ZEUGE?

Ein guter Zeuge zu sein ist gar nicht so leicht. Teste einmal, wie gut du beobachten und beschreiben kannst.

Wer war's?

Wähle eines der drei Bilder aus. Studiere es 1 Minute lang eingehend und decke es dann ab. Beschreibe das Gesicht einem Freund aus dem Gedächtnis. Dein Freund soll nach deiner Beschreibung das Gesicht zeichnen. Erkennt dein Freund das Foto desjenigen, den du beschrieben hast? Wie ähnlich ist seine Zeichnung der Person, die du ausgewählt hast?

Verdächtiger 1 · Verdächtiger 2 · Verdächtiger 3

SEROLOGIE

Serologen identifizieren Verdächtige anhand von Körperflüssigkeiten. Man kann zwar auch Schweiß, Tränen und andere Flüssigkeiten untersuchen, aber meistens findet man Blut am Tatort. Bei der Analyse stellen die Experten drei Fragen: Ist es Blut? Menschliches Blut? Und wessen Blut? Da sich die einzelnen Blutgruppen in vielen Merkmalen voneinander unterscheiden, ist die Blutanalyse ein sehr genaues und damit äußerst wertvolles Mittel für die Tatermittlung.

Testverfahren

Im Labor unterziehen Serologen Blutproben einer Reihe von Tests. Ein Vortest stellt fest, ob eine Probe überhaupt Blut ist. Dann ermittelt ein Präzipitintest, ob das Blut menschlich ist. Ein ABO-Test ergibt die Blutgruppe.

Ist es menschliches Blut?

Beim Präzipitintest reagieren Antikörper mit menschlichem Blut. Fällt der Test negativ aus, wird mithilfe von Antikörpern, die mit dem Blut verschiedener Tiere reagieren, festgestellt, von welchem Tier das Blut stammt.

Blutspuren

Manche Dinge wie diese Pistole werden vom Tatort ins Labor gebracht und dort auf Blutspuren untersucht. Findet man welche, werden Vortests durchgeführt.

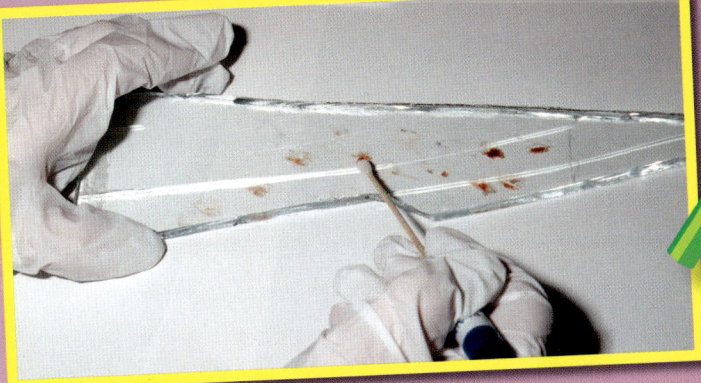

 **Fälschung** FALLANALYSE

Der Serologe unterzieht die blutbefleckten Banknoten vom Tatort dreierlei Tests: einem Vortest, einem Präzipitin- und einem ABO-Test. Steht die Blutgruppe fest, ist der Blutcheck ein wichtiges Beweisstück.

Vortest am Tatort

Am Tatort sammelt die Spurensicherung Blutproben für die Laboranalyse (oben) und testet schon mal, ob ein Fleck überhaupt Blut ist. Mit einem Tupfer, der mit einer bestimmten Chemikalie getränkt ist, reibt man über den Fleck. Verfärbt sich der Tupfer von Gelb nach Grün, ist es Blut.

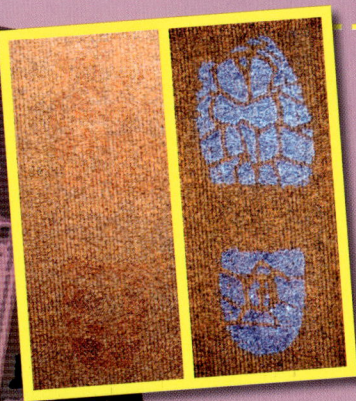

Blut nachweisen

Mit einer Chemikalie namens Luminol lassen sich manchmal sogar Blutflecken nachweisen, die weggeschrubbt wurden. Hier kommt auf einem scheinbar sauberen Teppich (ganz links) ein blutiger Schuhabdruck zum Vorschein (links).

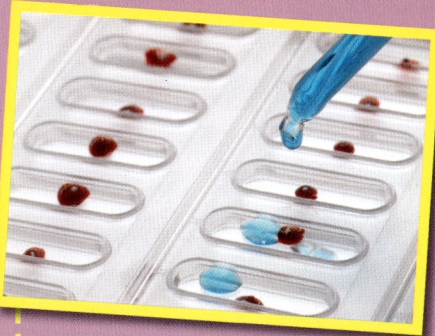

ABO-Test

Es gibt vier Hauptblutgruppen: A, B, AB und 0 (Null). Mit diesem Test ermitteln Wissenschaftler, welcher Gruppe eine Probe angehört. Man tropft ein Serum auf die Proben, die dann entsprechend ihrer Gruppe reagieren.

MACHE GEHEIMBOTSCHAFTEN SICHTBAR

Forensiker machen mittels chemischer Reaktionen abgewaschene Blutflecken sichtbar. Hier kannst du eine Geheimbotschaft lesbar machen, die mit Zitronensaft geschrieben wird. Der Trick: Jod reagiert mit Papier, aber nicht dort, wo es mit dem Saft bedeckt ist.

Du brauchst: einen Freund
• Zitronensaft • Wasser
• Jodtinktur • Pumpsprüh-
flasche • weißes Papier
• sauberen, dünnen Pinsel

1. Bitte deinen Freund, mit dem in Zitronensaft getauchten Pinsel eine Botschaft aufs Papier zu schreiben. Warte, bis das Papier trocken ist.

2. Mische in der Sprühflasche etwas Wasser mit wenig Jod. Sprühe die Mischung gleichmäßig aufs Papier – nicht zu viel!

3. Die Geheimbotschaft sollte nun sichtbar sein! Sage deinem Freund, was er geschrieben hat, und tausche dann mit ihm die Rollen.

⚠️ Jodtinktur ist ungesund – nicht trinken!

FÄLSCHUNG

Dokumentation

Vom Augenzeugen erstelltes Computerbild

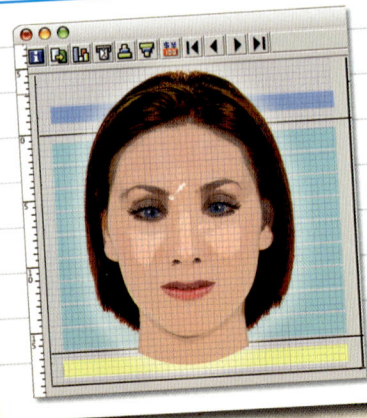

Sam Barnes, der Augenzeuge, hat der Polizei die Person beschrieben, die er aus der Druckerei flüchten sah. Mit seiner Hilfe setzte die Polizei ein Computerbild zusammen (siehe links).

Könnte dies eine der Verdächtigen sein?

Verdächtiger

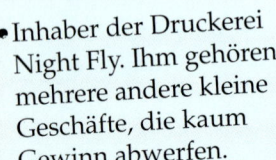

Name: Pete Morelli
Alter: 34
Blutgruppe: O

Name: Pete Morelli
Finger: Zeigefinger

- Inhaber der Druckerei Night Fly. Ihm gehören mehrere andere kleine Geschäfte, die kaum Gewinn abwerfen.
- Fährt einen neuen Sportwagen und hat einen Zweitwohnsitz im Ausland.
- Hatte einen frühen Flug zu seinem Ferienhaus für den Tag nach dem Verbrechen gebucht.
- Behauptet, zur Tatzeit bei seinem Buchhalter gewesen zu sein und von den Vorgängen im Druckraum nichts zu wissen.

WARNUNG: Falschgeld gefunden!

TOM ROBINSON

Mehrere Läden und Geschäfte in der Gegend haben angegeben, in letzter Zeit Falschgeld erhalten zu haben. Die Polizei warnt vor dem Umlauf dieser Banknoten. Sie sind bei flüchtiger Betrachtung nicht als Fälschungen zu erkennen. Daher rät die Polizei, bei erhaltenen Geldscheinen gut auf die Sicherheitsmerkmale zu achten.

Computerforensischer Bericht

Untersuchung der Festplatte

Der Täter benutzte die Grafiksoftware der Firma, um die Geldscheine besser scannen zu können.

Bei der Untersuchung der Festplatte fanden sich mehrere gelöschte Dateien – alles frühere Versionen des Falschgelds. Alle stammen von einer Person mit dem Benutzernamen „Monday".

Führt dieser Benutzername zum Täter?

Verdächtiger

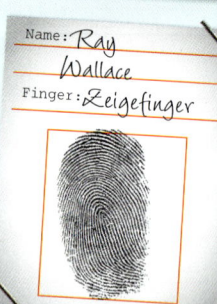

Name: Ray Wallace
Alter: 55
Blutgruppe: B

Name: Ray Wallace
Finger: Zeigefinger

- Drucker bei Night Fly. Arbeitet dort erst seit drei Monaten.
- Ein fleißiger Arbeiter, wird aber in den Polizeiakten als Betrüger geführt, was er seinem Arbeitgeber verschwiegen hat.
- Sagt, er sei zur Tatzeit allein zu Hause gewesen.

Sehr nervös bei der Vernehmung. Nur wegen seines Strafregisters? Oder hat er noch mehr zu verbergen?

Verdächtige

Name: Erin Lee
Alter: 32
Blutgruppe: A

- Grafikerin bei Night Fly.

- Arbeitet seit 18 Monaten als Teilzeitkraft in der Firma. Einzelgängerin.

- Gibt zu, Spielerin zu sein und Schulden zu haben. Braucht dringend Geld.

- Sagt, dass sie zur Tatzeit beim Pferderennen war.

Hat das nötige Fachwissen für die Fälschung.

Name: Erin Lee
Finger: Zeigefinger

Fingerabdruck-Bericht

Vom Tatort abgenommene Abdrücke

Drei verschiedene Gruppen von Fingerabdrücken wurden am Tatort gesichert. Die deutlichsten befanden sich auf der Druckpresse (rechts).

Einer der Abdrucke dürfte dem Täter gehören. Nach Übereinstimmungen mit den Fingerabdrücken der Verdächtigen suchen.

Bericht über das Falschgeld

Am Tatort gesicherte Banknoten

Banknote vom Tatort

- Das am Tatort gefundene Falschgeld stimmt mit den bereits in der Gegend verbreiteten Banknoten überein.
- Eine echte Banknote wurde eingescannt, mit der Bildbearbeitungssoftware verbessert und dann auf der Druckerpresse in großen Mengen gedruckt.
- Papier und Tinten wurden auf Firmenrechnung beim üblichen Lieferanten der Firma bestellt.

Der Täter muss Zugang zur Buchhaltung der Firma haben.

Verdächtige

Name: Monica Day
Alter: 25
Blutgruppe: A

- Assistentin bei Night Fly.

- Abgebrochenes Grafik-Design-Studium. Hilft Erin zeitweise bei ihrer Arbeit.

- Reichlich aufwendige Lebensweise für ihren schlecht bezahlten Job.

Name: Monica Day
Finger: Zeigefinger

Serologiebericht

Blutflecken vom Tatort

Der Fleck auf dem Falschgeld am Tatort wurde zur Analyse ins Labor gebracht.

Es handelt sich um menschliches Blut. Weitere Tests ergaben, dass es die Blutgruppe A hat.

Blut vom Tatort

Der/die Fälscher/in hat sich offenbar geschnitten. Ist er/sie vielleicht unerfahren im Umgang mit der Maschine?

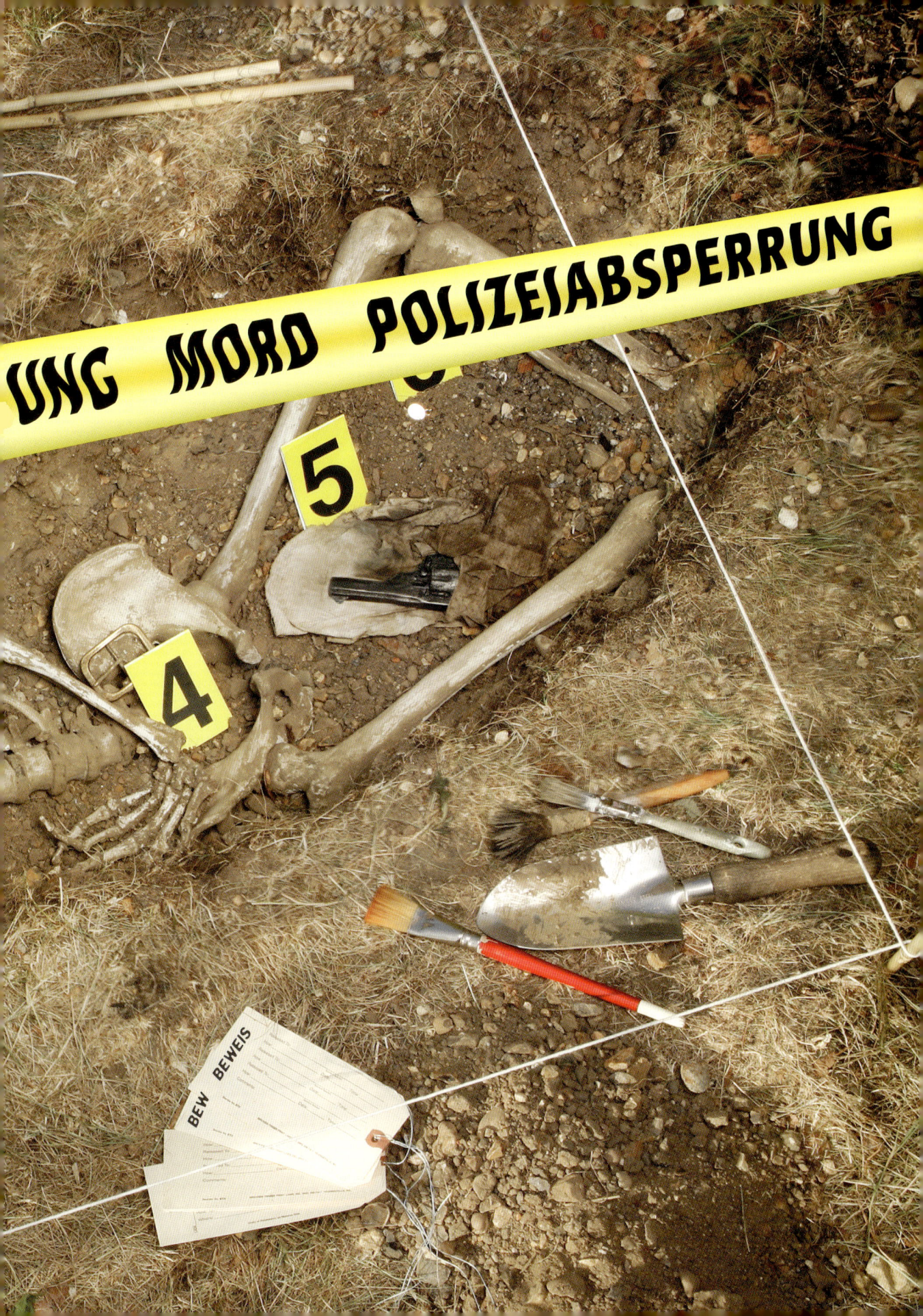

MORD

Tatortanalyse

Abrupt beenden die Landschafts-
gärtner im Garten von Beech House
nach einer grausigen Entdeckung ihre Arbeit:
Unter einem alten Steingarten wurde ein
menschliches Skelett gefunden. Du triffst
mit deinem Tatort-Team auf dem Landgut
ein. Niemand weiß, wie lange das Skelett
schon dort liegt, aber das Haus ist seit über
hundert Jahren im Besitz derselben Familie.
Bald findest du heraus, dass der 25-jährige
Jack Macadie 1918 verschwunden ist und
nie mehr gesehen wurde. Ist dies also sein
Skelett? Schau dir die Spuren unten an und
studiere die Dokumentation auf Seite 62–63.
Wer ist das Opfer – und wer sein Mörder?

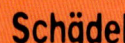

Schädel

Ein Loch im Schädel
sieht aus wie eine
Schusswunde – tatsäch-
lich findet man im Schä-
del eine Kugel. Sie wird
von einem Schusswaffen-
experten im Labor untersucht.
Mehr über Schusswaffenanalyse
erfährst du auf Seite 60–61.

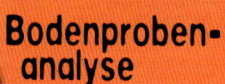

Bodenproben-
analyse

Der Boden um das Skelett
wird durchgesiebt –
vielleicht finden sich
noch persönliche Dinge.
Im Labor wird eine Probe
auf Beweisspuren unter-
sucht. Mehr über Beweisspuren
steht auf Seite 24–25.

Knopf mit Gravur

Ein Kupferknopf liegt auf
dem Brustkorb und eine
Schnalle im Becken. Auf
dem gesäuberten Knopf
erkennt man eine eingravierte
Krone. Diese Dinge bekommt
ein Historiker, ein Geschichts-
experte, der dann die Zeit
bestimmt, aus der sie stammen.

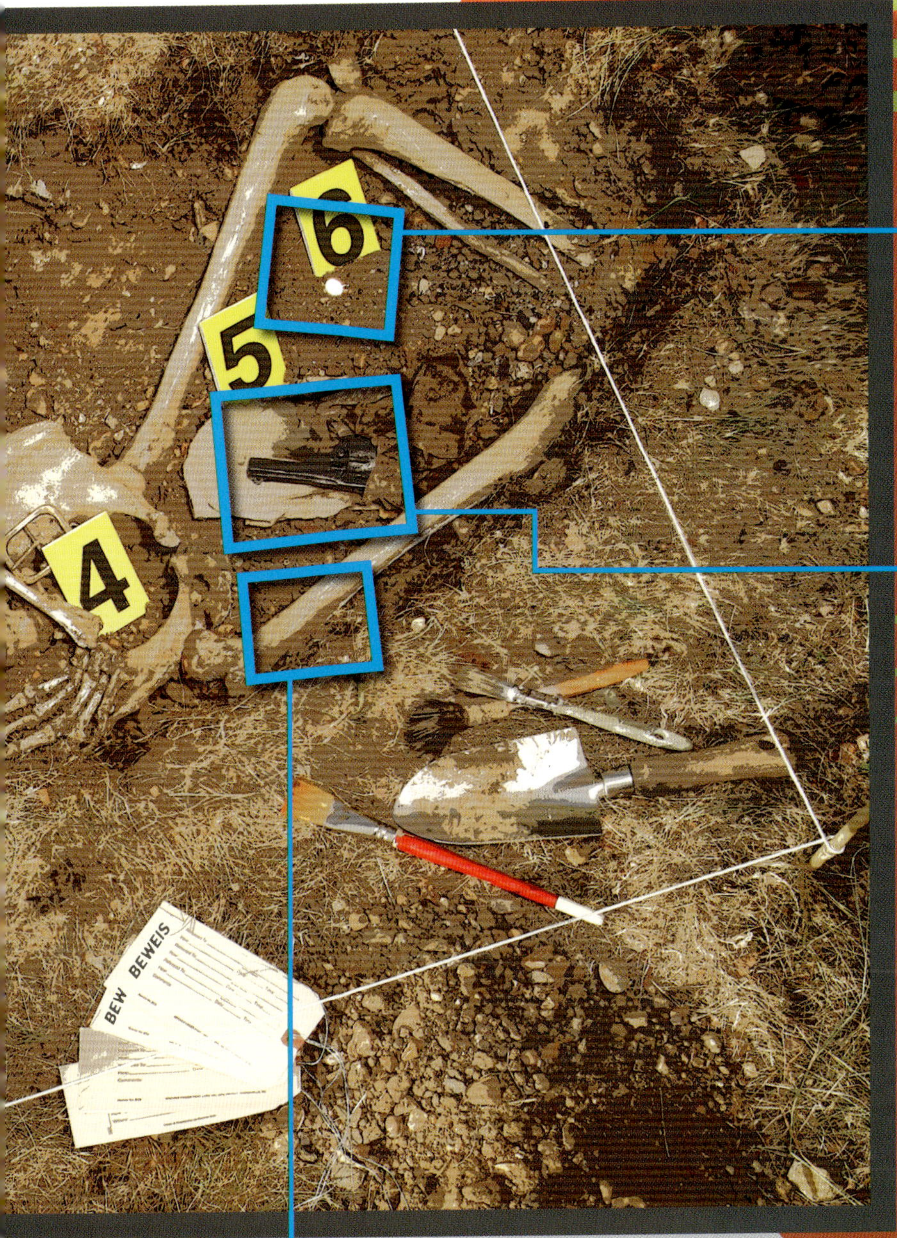

Manschettenknopf

Beim Sieben der Erde fand sich ein goldener Manschettenknopf. Die Buchstaben darauf sind unleserlich. Im Labor wird er chemisch gereinigt, um sie entziffern zu können.

Die Mordwaffe?

Eine in ein Wachstuch eingewickelte altmodische Pistole war mit der Leiche begraben, wohl die Mordwaffe. Forensische Tests sind nötig, um diese Vermutung zu bestätigen. Mehr über solche Tests auf Seite 60–61.

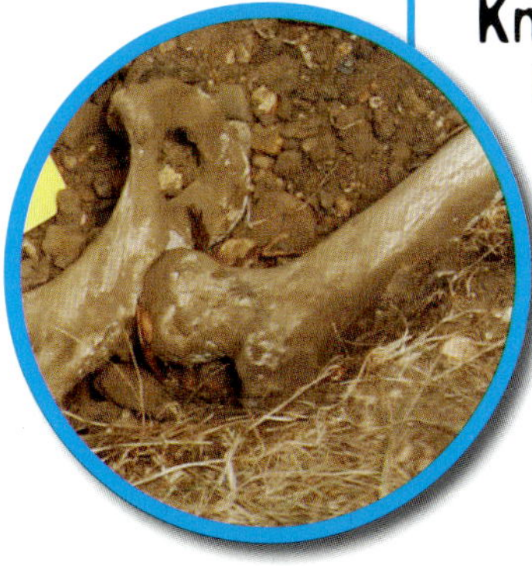

Knochen und DNA

Das ganze Skelett wird im Labor von einem forensischen Anthropologen untersucht, der das Geschlecht des Opfers bestimmt und sein Alter schätzt. Auf Seite 58–59 erfährst du, wie das geht. Anhand der DNA lässt sich vielleicht sagen, wer das Opfer war. Mehr über die DNA-Analyse erfährst du auf Seite 56–57.

ARCHIV

Über 3000 Jahre nach seinem Tod wurde die Mumie des ägyptischen Pharaos Tutanchamun geröntgt. Das Ergebnis: Er starb keinen natürlichen Tod, sondern wurde brutal ermordet. Sein Mörder war vermutlich sein Thronfolger.

GENETISCHER FINGERABDRUCK

In den Kernen der Billionen Körperzellen befindet sich ein Bauplan der Merkmale, die ein Individuum ausmachen. Er ist durch die Mischung der Baupläne beider Eltern entstanden. Experten erfassen den Bauplan als genetischen Fingerabdruck – selbst aus Minispuren wie einer Hautschuppe. Die Forensik hat sich seit dieser Entdeckung 1984 total verändert.

Lebensleiter

DNA (oder DNS, Desoxyribonukleinsäure) besteht aus zwei verbundenen Strängen, die sich wie eine verdrehte Leiter umeinander winden. Die „Sprossen" bestehen aus vier Chemikalien (Basen), die hier verschiedenfarbig dargestellt sind. Ihre Abfolge ist in jedem Menschen anders und bildet seinen genetischen Fingerabdruck.

DNA klonen

Bei der Polymerase-Kettenreaktion (PCR) wird ein einzelnes DNA-Teilstück immer wieder verdoppelt, bis die Probe groß genug für die Analyse ist. Dabei ahmt die PCR die natürliche Kopiertechnik der DNA bei der Zellteilung nach.

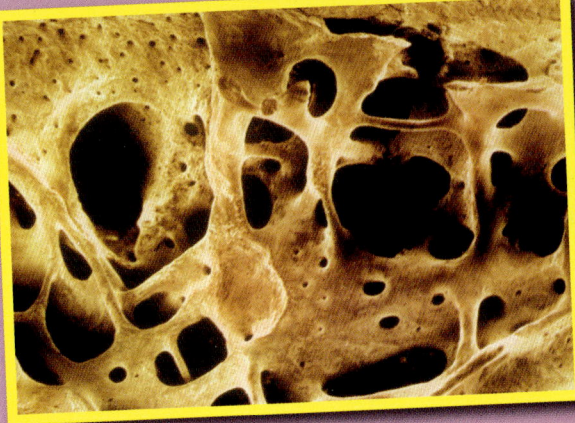

Mütterliche DNA

Mitochondrien-DNA findet sich in einem anderen Teil der Zelle als Kern-DNA. Sie wird nur über die Mutter vererbt, verändert sich also im Lauf der Zeit kaum. In Knochen hält sie sich hunderte Jahre (oben); anhand dieser DNA lassen sich weibliche Vorfahren ermitteln.

DNA abgleichen

Genetische Fingerabdrücke werden als Sprossensequenzen erfasst, die einem Strichcode auf Preisetiketten ähneln. Heute enthalten Computerdatenbanken auf der ganzen Welt DNA von Tatorten und Tätern. Die Software gleicht 13 verschiedene Sequenzen ab, um ein positives Ergebnis zu finden.

M ORD FALLANALYSE

Dem Skelett wurde Mitochondrien-DNA entnommen und mit der DNA von Frau Lawrence verglichen, der heutigen Besitzerin von Beech House. Hat sie die gleiche Mitochondrien-DNA, ist das Skelett das von Jack Macadie, der 1918 verschwand.

GLEICHE EINE DNA-PROBE AB

Jeder Mensch hat einen einzigartigen genetischen Fingerabdruck. Doch ein Großteil der Information in einer DNA-Sequenz ist bei allen Menschen gleich. Man vergleicht sich wiederholende Abschnitte, um eine Übereinstimmung zu finden.

Welcher Verdächtige ist es?

Schau dir die DNA-Probe vom Tatort (rechts) an und vergleiche sie mit der DNA der Verdächtigen unten. Wer ist der Täter? Die Antwort steht auf Seite 72.

Probe vom Tatort

Verdächtiger 1 **Verdächtiger 2** **Verdächtiger 3** **Verdächtiger 4**

Zwillings-DNA

Eineiige Zwillinge sind exakte Kopien mit gleichen Erbanlagen. Wird eine Tat von einem eineiigen Zwilling begangen, kann der Schuldige nicht mittels DNA-Analyse überführt werden.

FORENSISCHE ANTHROPOLOGIE

Leichen zersetzen sich rasch bis aufs Skelett. Mit menschlichen Überresten befassen sich die forensischen Anthropologen. Sie entdecken in Knochen und Zähnen Nachweise für die Identität eines Toten. Bei einem gewaltsamen Tod finden sie manchmal heraus, was geschehen ist. Und aus zahnmedizinischen Unterlagen kann hervorgehen, wem die Knochen gehörten.

Zarenknochen

Der letzte russische Zar Nikolaus II. wurde mit seiner Familie 1918 ermordet. Zweifelsfrei nachgewiesen wurde der Mord aber erst 1998, als man die Skelette untersuchte (unten). Schäden an den Knochen bewiesen, dass die Zarenfamilie tatsächlich im Kugelhagel umkam.

Sprechende Knochen

Ein Skelett verrät Geschlecht und Größe der Person zu Lebzeiten. Das Becken ist bei Frauen breiter als bei Männern, während drei Muskelaufhängungen am Schädel bei Männern ausgeprägter sind. Die Skelettlänge plus 10 cm ergibt die Größe. Ist das Skelett unvollständig, schätzen die Experten die Größe anhand der Länge des Oberschenkelknochens oder des Fußes.

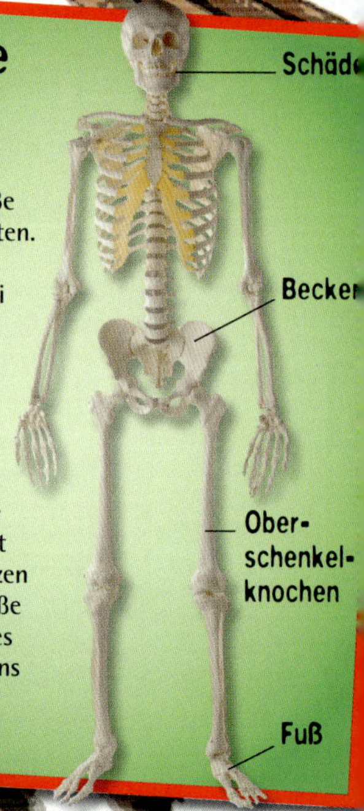

Schädel

Becken

Oberschenkelknochen

Fuß

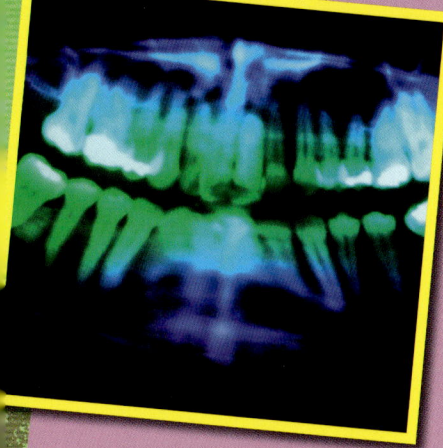

Einzigartige Zähne

Zahnbehandlungen werden im Röntgenbild sichtbar. Da Zahnschmelz die härteste Substanz im Körper ist, bleiben von Menschen, die durch Feuer oder Explosion ums Leben kamen, teilweise nur die Zähne übrig. Ein Abgleich mit Zahnarztunterlagen beweist die Identität der Toten.

MORD FALLANALYSE

Eine forensische Anthropologin untersucht das Skelett von Beech House. Anhand von Becken und Schädel bestimmt sie das Geschlecht. Falls das Schlüsselbein noch nicht voll entwickelt ist, muss der Tote jünger als 28 Jahre gewesen sein.

Wachsende Knochen

Die Röntgenbilder der Hand eines Dreijährigen und eines Erwachsenen zeigen, dass zwischen den Knochen des Kindes große Lücken sind. In den Lücken ist elastisches Knorpelgewebe, das später durch Knochen ersetzt wird. Bei älteren Menschen treten oft Verschleißerscheinungen an den Gelenken auf.

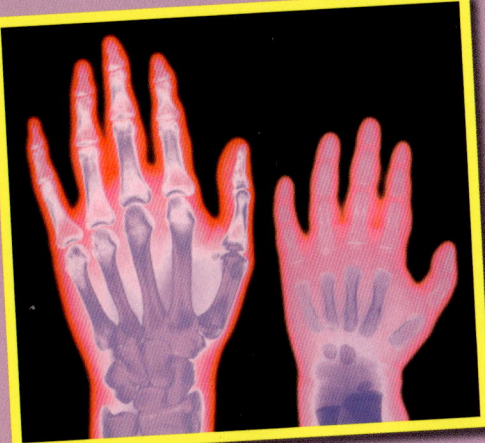

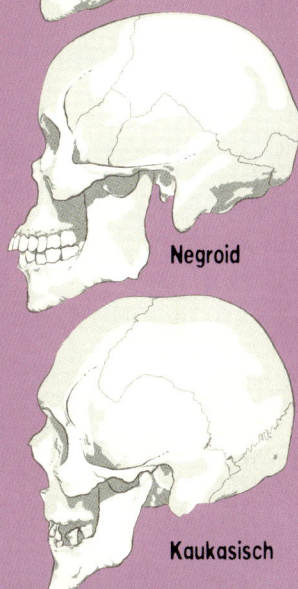

Mongolisch

Negroid

Kaukasisch

BERECHNE DIE GRÖSSE EINES VERDÄCHTIGEN

Die Fußlänge eines Erwachsenen beträgt etwa 15% seiner Größe. Ein forensischer Anthropologe kann die Größe allein anhand der Fußknochen schätzen.

Du brauchst: drei Erwachsene • ein Maßband • einen Taschenrechner • einen Bleistift • ein Blatt Papier

1. Bitte die Erwachsenen die Schuhe auszuziehen. Miss jeweils den linken Fuß und schreibe die Maße neben ihre Namen.

2. Multipliziere jede Fußlänge mit 7. Notiere auch diese Ergebnisse.

3. Miss nun die Größe der Erwachsenen. Wie genau waren deine errechneten Ergebnisse?

Welche Volksgruppe?

Mongolische (asiatische) Schädel haben hohe Wangenknochen und breite Gesichter; negroide (afro-karibische) Schädel sind lang und schmal mit einer breiten Nasenhöhle; kaukasische (europäische) Schädel sind breiter und haben keinen vorspringenden Kiefer.

FEUERWAFFEN

Wird eine Waffe abgefeuert, hinterlässt sie außer einer tödlichen Bleikugel eine Kette von Beweisen, etwa verräterische Spuren an der Hand des Schützen. Form und Größe der Kugel verweisen auf den Waffentyp. Winzige Markierungen an der Kugel, durch Rillen im Lauf verursacht, können sogar genau zu der Waffe führen, aus der sie abgefeuert wurde. Auch die Ballistik – die Flugbahn der Kugel – liefert wertvolle Indizien.

Splittermuster

Der Schusswaffenexperte stellt zuerst fest, wie viele Schüsse abgegeben wurden. Trafen die Kugeln verstärktes Glas wie diese Windschutzscheibe, entstehen klare Spuren. Das Splittermuster verrät auch die Reihenfolge der Schüsse: Sprünge, die von später abgefeuerten Kugeln erzeugt wurden, durchkreuzen keine schon bestehenden Sprünge.

Ballistik

Mit Laserstrahlen lässt sich die Flugbahn einer Kugel und damit der Standort des Schützen ermitteln. Der Laser wird mit einem Stab im Kugelloch verbunden, und der Strahl zeigt Richtung und Schusswinkel der Waffe an. Die Strahlen werden fotografiert und dienen als Beweis vor Gericht.

MORD FALLANALYSE

Pistole und Kugel, die neben dem Skelett gefunden wurden, werden im Ballistiklabor untersucht. Eine unbenutzte Kugel wird aus dem Waffenlauf abgefeuert. Dann werden die Markierungen auf den beiden Kugeln verglichen: Die Pistole war die Mordwaffe.

Patronenhülsen

Auch Patronenhülsen unterscheiden sich – genau wie Kugeln –, da die Kerbe, die beim Abfeuern entsteht, von Waffe zu Waffe anders aussieht. Die amerikanische Brasscatcher-Datenbank enthält Bilder von Hülsen aus Waffen, die bei Verbrechen benutzt wurden, und gleicht sie mit anderen Hülsen ab.

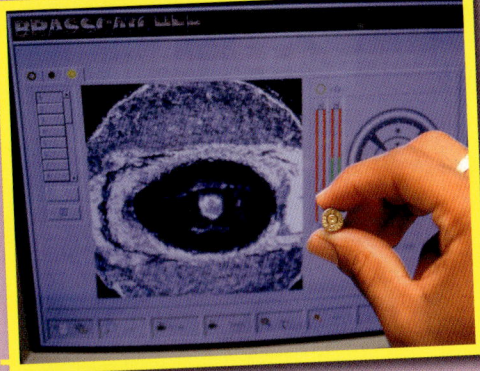

Kugelvergleich

Um eine Kugel vom Tatort mit der aus einer verdächtigen Waffe zu vergleichen, wird die Waffe in einen Wassertank abgefeuert, damit sie nicht beschädigt wird (oben). Unterm Vergleichsmikroskop werden beide Kugeln verglichen.

GLEICHE EINE TATORT KUGEL AB

Schusswaffenexperten ermitteln zuerst das Kaliber (die Größe) der Kugel. Dann untersuchen sie die Riefen an den Seiten der Kugel, die durch erhabene Teile im Innern des Waffenlaufs entstehen.

Finde die zur Waffe passende Kugel
Um die Kugel vom Tatort mit einer im Labor abgefeuerten abzugleichen, suchst du zuerst das richtige Kaliber (Größe), dann die Riefen. Die Auflösung findest du auf Seite 72.

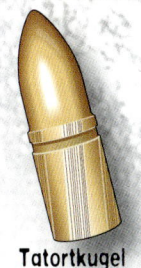
Tatortkugel

 **Kugel 1**  **Kugel 2**  **Kugel 3**  **Kugel 4**  **Kugel 5**  **Kugel 6**

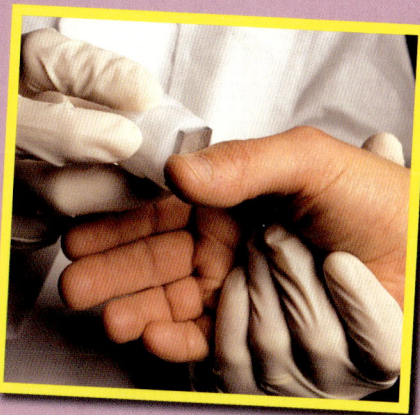

Schmauchspuren

Nach dem Abfeuern einer Waffe bleiben unsichtbare Pulverreste etwa 6 Stunden lang an der Hand des Schützen. Bei Verdächtigen am Tatort einer Schießerei tupfen die Ermittler deren Hände besonders im Bereich zwischen Daumen und Zeigefinger ab, um diese Schmauchspuren zu sichern.

MORD
Dokumentation

Verdächtiger

Name: Colonel Arthur Macadie
Alter 1918: 55

- Letzter einer angesehenen Militärdynastie. Tapferkeitsorden im Burenkrieg.

- Hätte seinen Sohn Jack, einen Kriegsgegner, fast verstoßen.

- Sehr krank zu der Zeit, als Jack verschwand; sein Arzt gab ihm nicht mehr lange zu leben.

Würde der Colonel wirklich seinen eigenen Sohn ermorden?

Buckinghamshire County Polizei

BERICHT ÜBER VERMISSTE PERSON

September 1918

Jack Macadie, ein junger Kriegsheld, wurde am 18. September 1918 zu Hause erwartet, traf aber dort nie ein. Er wurde am 8. September entlassen und sollte gegen 11 Uhr am Bahnhof ankommen. Der Bahnhofsvorsteher sah einen Soldaten aussteigen, wusste aber nicht, ob es Macadie war. Jack tauchte nie mehr auf.

Der Fall wurde als ungeklärt zu den Akten gelegt.

DNA-Bericht

Mitochondrien-DNA-Test und Stammbaum der Macadies

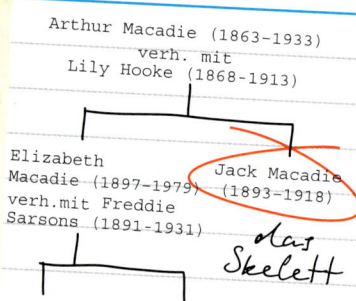

Arthur Macadie (1863–1933)
verh. mit
Lily Hooke (1868–1913)

Elizabeth Macadie (1897–1979) verh. mit Freddie Sarsons (1891–1931)

Jack Macadie (1893–1918)
das Skelett

Judith Sarsons (1923–1980)

Anne Sarsons (geb. 1930) verh. mit Bill Lawrence (1926–1999)

Die Mitochondrien-DNA-Probe des Skeletts passt zu der von Anne Lawrence, der derzeitigen Besitzerin von Beech House.

Dies beweist, dass es eine direkte weibliche Linie zwischen Opfer und Anne Lawrence gibt.

Der Stammbaum links zeigt, dass Anne Elizabeths Tochter ist. Höchstwahrscheinlich ist das Skelett das von Jack Macadie, Elizabeths Bruder.

Bericht der Spurensicherung

Beim Opfer in der Erde gefundene Dinge

Beim Sieben der Erde in der Umgebung des Skeletts sowie bei der Laboranalyse wurden keine bedeutsamen Beweisspuren gefunden.

Die beim Skelett gefundenen Dinge wurden von einem Militärhistoriker untersucht, demzufolge Knopf und Schnalle aus dem Ersten Weltkrieg stammen. Sie hätten zu Jack Macadies Uniform gepasst.

Ein einzelner Manschettenknopf, hier rechts in einer Beweistüte, wurde aus der Erde geborgen.

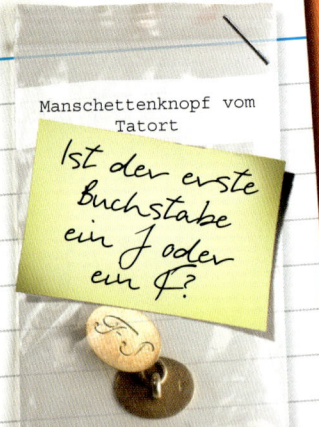

Manschettenknopf vom Tatort

Ist der erste Buchstabe ein J oder ein F?

Lokalmatador ein Kriegsgegner!

19. Juni 1917

Gefreiter Jack Macadie, Sohn von Colonel Arthur Macadie, sprach mit unserem Reporter über Leben und Tod an der Front. Er galt dort monatelang als vermisst. „Kein Mann sollte erdulden, was ich durchgemacht habe", erklärte er. „Der Weltkrieg ist ein großer Fehler."

Colonel Arthur Macadie wollte sich zu den Ansichten seines Sohns unserem Blatt gegenüber nicht äußern.

Verdächtiger

Name: Freddie Sarsons
Alter 1918: 27

- Ortsansässiger Schneider. Wegen Kurzsichtigkeit vom Kriegsdienst befreit.

- Arroganter Typ.

- Heiratete Elizabeth, als Jack im Kampf vermisst war. Im Ort als Frauenheld bekannt.

- Erwartete offenbar, dass er Beech House nach dem Tod des Colonels erben würde.

Wer hatte Zugang zur Pistole?

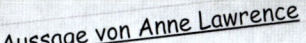

Aussage von Anne Lawrence

Anne Lawrence kennt die Familiengeschichte von ihrer Mutter:

Der Colonel überlebte die Diagnose seines Arztes und starb erst 1933. Die Ereignisse vor Jacks Verschwinden machten ihm stets zu schaffen.

Das junge Ehepaar hatte finanzielle Probleme, obwohl das Geschäft blühte. Ein von Frau Lawrence gefundenes Kassenbuch weist regelmäßige, unerklärliche Abbuchungen aus.

Freddie kam 1931 bei einem tragischen Jagdunfall ums Leben. Als der Colonel zwei Jahre später starb, erbte Elizabeth alles.

Ballistik-Bericht

Webley .455 Pistole, neben Opfer gefunden

Ballistiktests bestätigen: Die Kugel im Schädel des Opfers wurde aus der neben der Leiche begrabenen Waffe abgefeuert.

Die Pistole ist ein Armeedienstrevolver Webley .455 Mark V. Die eingravierte Seriennummer zeigt, dass die Waffe Colonel Arthur Macadie gehörte.

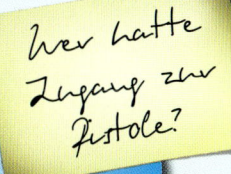

Verdächtige

Name: Elizabeth Macadie

Alter 1918: 21

- Jacks jüngere Schwester.

- War sehr empört über den Bruch zwischen Jack und ihrem Vater.

- Heiratete Freddie Sarsons 1917 nach stürmischem Werben und lebte mit ihrem Mann auf dem Familiensitz, da sie ihren kranken Vater pflegte.

Verdächtiger

Name: John Farrow

Alter 1918: 59

- Der Gärtner.

- Der Steingarten, in dem das Skelett begraben war, wurde zur Zeit von Jacks Verschwinden angelegt. Farrow grub dort an dem Morgen, als Jack heimkehren sollte.

- Heutigen Ermittlungen zufolge verließ er kurz darauf Beech House, kaufte sich ein Haus in einem Seebad und arbeitete nie wieder.

Warum verschwand der Gärtner so plötzlich?

Bericht der Anthropologin

Untersuchung der Knochen

Befund: Das Opfer war männlich, über 12 und unter 40 Jahre alt. Knochenspuren belegen, dass er sich einmal den Arm gebrochen hat.

Die Beschädigung des Schädels weist eine Schusswunde am Kopf als wahrscheinliche Todesursache aus. Die Kugel wurde im Schädel gefunden. Der Umstand, dass sie nicht austrat, lässt auf einen Schuss aus einiger Distanz schließen.

GESCHICHTE DER FORENSIK

Schon immer hat man versucht, Straftaten auch mit wissenschaftlichen Methoden aufzuklären, doch erst die Wissenschaft der Forensik hat in den vergangenen 100 Jahren die Verbrechensaufklärung revolutioniert. So leicht wie früher kommen Verbrecher heute deshalb nicht mehr davon. Die Forensiker können auch manche historischen Geheimnisse lüften und selbst scheinbar unlösbare Fälle aufklären.

FINGERABDRUCK

- 1856 kam Sir William Herschel, britischer Kolonialbeamter in Indien, auf die Idee, Menschen, die nicht schreiben können, mit ihrem Daumenabdruck „unterschreiben" zu lassen.

- Vor dem Fingerabdruck nutzte die Polizei weltweit die so genannte Anthropometrie, die Lehre von den Körpermaßen, zur Identifikation.

- 1892 ersetzte Argentinien als erstes Land die Anthropometrie durch Fingerabdrücke.

- Das amerikanische FBI führte 1975 das Automatisierte Fingerabdruck-Identifizierungs-System (AFIS) ein.

- 1993 wird das AFIS auch in Deutschland eingeführt und dient dem Bundeskriminalamt im Erkennungsdienst.

Fallstudie

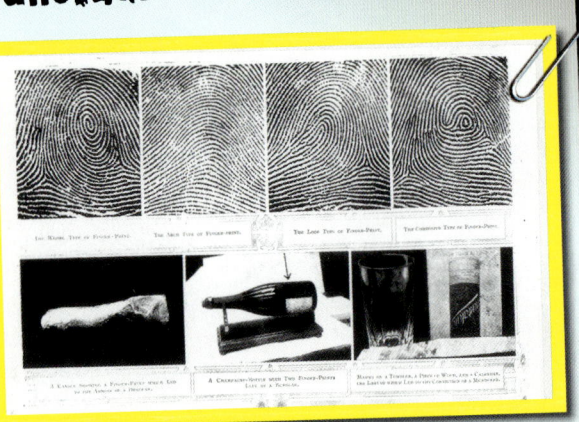

1902 wurde in England der 41-jährige Einbrecher Harry Jackson als Erster aufgrund von Fingerabdruckbeweisen verurteilt. Er hatte in einem Haus in London Billardkugeln gestohlen und seine Fingerabdrücke auf dem Fensterbrett hinterlassen. Sie wurden fotografiert, und aus Polizeiakten mit den Abdrücken bekannter Täter ergab sich eine Übereinstimmung mit Jackson, der gerade eine Gefängnisstrafe wegen Einbruchs abgesessen hatte. Er wurde für weitere sieben Jahre eingebuchtet. In einem britischen Zeitungsartikel (oben) wurde die erstaunliche neue Technik den damaligen Lesern erklärt.

TOXIKOLOGIE

- 1813 veröffentlichte der spanische Arzt Mathieu Orfila seine *Toxicologie générale* und wurde damit zum „Vater" der Toxikologie, der Lehre von den Giften.

- Bevor es Tests zum Nachweis von Arsen gab, entledigte man sich mit diesem Gift gern seiner Angehörigen, um an ihr Erbe zu kommen.

- 1836 wies der britische Chemiker James Marsh erstmals Arsen im Leichnam eines Mordopfers nach.

- 1954 erfand der Amerikaner R. F. Borkenstein ein Messgerät, mit dem man den Alkoholtest durchführen konnte.

Fallstudie

Der französische Kaiser Napoleon I. starb 1821 im Exil auf der britischen Insel St. Helena, angeblich an Magenkrebs. Aber 1955 erschienen die Tagebücher seines Kammerdieners. Seinen Aufzeichnungen zufolge war sein Herr durch Arsen vergiftet worden. 2001 analysierten Toxikologen eine Haarlocke Napoleons. Ihr Befund: eine langfristige Arseneinnahme – vermutlich durch Ausgasungen einer hoch arsenhaltigen Tapete in Napoleons Zimmer.

Fallstudie

Am 14. Februar 1929 wurden in Chicago sieben Gangster von einer rivalisierenden Bande erschossen. Die Mörder hinterließen am Tatort 70 Patronenhülsen, anhand derer der Typ der Maschinengewehre ermittelt wurde. Monate später fand die Polizei im Haus eines der Killer zwei Gewehre. Testschüsse bestätigten: Diese Waffen waren beim Massaker vom Valentinstag benutzt worden.

FEUERWAFFEN

- 1835 überführte Henry Goddard, einer der ersten Beamten von Scotland Yard, einen Mörder durch einen Kugelvergleich, indem er eine Macke in der Kugel zur Gussform zurückverfolgte.

- 1898 verglich der deutsche Chemiker Paul Jeserich mittels Mikrofotografie eine aus der Waffe eines Verdächtigen abgefeuerte Kugel mit einer Kugel vom Tatort. Der Mörder wurde verurteilt.

- Das Vergleichsmikroskop, das 1925 in den USA von Philip Gravelle und Calvin Goddard erfunden wurde, vereinfachte den Kugelvergleich enorm.

DOKUMENTE

- Das 1910 erschienene Buch *Questioned Documents* des Amerikaners Albert Osborn gilt noch heute als Standardwerk.

- In Amerika wurden 1924 zwei Mörder verurteilt, weil einer von ihnen auf seiner Schreibmaschine nachweislich eine Lösegeldforderung getippt hatte.

- Die Briten Bob Freeman und Doug Foster erfanden 1978 den elektrostatischen Erkennungsapparat (ESDA).

- 1998 half Professor Don Foster, den „Unabomber" Ted Kaczynski zu überführen. Er analysierte Dokumente, die der Briefbomber geschrieben hatte.

Fallstudie

1983 zahlte die deutsche Illustrierte *Stern* eine gewaltige Summe für die angeblichen Tagebücher von Adolf Hitler aus den 1930er- und 40er-Jahren. Die Veröffentlichung von Auszügen führte zu erregten Debatten über ihre Echtheit. Daraufhin untersuchten Forensiker die Tagebücher und kamen zu dem Ergebnis, dass das Einbandmaterial von 1953 stammte und das Papier eine Substanz enthielt, die es vor 1954 gar nicht gab. Außerdem unterschieden sich einige Großbuchstaben von Hitlers echter Handschrift. Der *Stern* war einer Fälschung von Konrad Kujau aufgesessen.

Fallstudie

1995 wurde die erste DNA-Datenbank mit den genetischen Fingerabdrücken von Verdächtigen und verurteilten Tätern in Großbritannien eingeführt. In Deutschland werden DNA-Profile seit 2000 bundesweit gespeichert. Heute sind DNA-Datenbanken eine Hauptwaffe im weltweiten Kampf gegen das Verbrechen. Dank verbesserter Suchverfahren kann man heute die DNA von Verdächtigen aus früheren, ungeklärten Fällen erhalten und damit viele solcher Fälle neu aufrollen.

DNA

- 1953 entdeckten die britischen Forscher James Watson und Francis Crick die Doppelhelix-Struktur der DNA.

- 1984 entdeckte der britische Genetiker Alec Jeffries den genetischen Fingerabdruck, der Besonderheiten im genetischen Code zur Identifizierung nutzt.

- 1986 entwickelte Kary Mullis die Polymerase-Kettenreaktion (PCR) zur Verdopplung der DNA. Damit kann man genetische Fingerabdrücke erstellen und prüfen.

- Erstmals wurde 1988 in Großbritannien ein Verbrechen mittels DNA aufgeklärt. Der Mörder Colin Pitchfork wurde anhand seines DNA-Fingerabdrucks überführt.

BEWEISSPUREN

- 1784 wurde John Toms in Lancaster in England wegen Mordes verurteilt. Ein abgerissener Zipfel eines Papierpfropfens in einer Pistole passte zum restlichen Stück Papier in seiner Tasche.

- Edmund Locard, Professor für Gerichtsmedizin an der Universität Lyons in Frankreich richtete 1910 das erste Polizeilabor ein. Etwa zehn Jahre später formulierte er das Grundprinzip der Forensik: „Jeder Kontakt hinterlässt eine Spur."

- 1916 sammelte Albert Schneider in Kalifornien erstmals Beweisspuren mit einem Saugapparat.

- 1950 entwickelte der Schweizer Kriminologe Max Frei-Sulzer die Methode, mit Klebeband Beweisspuren aufzunehmen.

- Das erste hochauflösende Rasterelektronenmikroskop zur Identifizierung von Beweisspuren wurde 1965 an der englischen Universität Cambridge gebaut.

- 1977 fixierte Masato Soba in Japan erstmals latente Fingerabdrücke mit Sekundenkleberdämpfen.

Fallstudie

Am 21. Dezember 1988 explodierte eine Pan-Am-Maschine auf dem Flug von London nach New York nahe der schottischen Stadt Lockerbie. Die Untersuchung der Überreste ergab, dass eine Bombe die Ursache war. Über ein Jahr später fand ein Spaziergänger nahe der Absturzstelle ein Stück von einem grauen T-Shirt. Unglaublich, aber wahr: Das Etikett war noch zu erkennen (oben) und führte die Ermittler zu dem Laden, aus dem das T-Shirt stammte. Der Inhaber erinnerte sich noch genau an den Käufer, weil dieser wahllos Kleidungsstücke gekauft hatte, ohne auf deren Größe oder Stil zu achten. Nach der Beschreibung des Ladeninhabers wurde der Käufer, ein Libyer, aufgespürt. Er hatte mit den Sachen die Bombe umwickelt.

GLOSSAR

ABO-Test
Damit lässt sich feststellen, welcher der vier Hauptblutgruppen (A, B, AB, 0) eine Probe angehört.

Augenzeuge
Eine Person, die mit eigenen Augen gesehen hat, wie ein Verbrechen oder ein anderes Ereignis geschah.

Ballistik
Die Lehre von den Flugbahnen von Projektilen – in der Forensik meist von Kugeln.

Beweisspuren
Kleine, aber messbare Mengen von Beweismitteln, die am Tatort gesammelt werden. Typische Beweisspuren sind Haare, Fasern und Erde.

Bioterrorist
Eine Person, die tödliche Gifte, Viren oder Bakterien freisetzt, um zu töten und Panik auszulösen.

Brandbeschleuniger
Substanz, die ein Feuer rascher brennen lässt, z. B. Benzin.

Brandstiftung
Das bewusste Legen eines Feuers.

Computerhacker
Jemand, der dank seiner Computerkenntnisse illegal in fremde Computersysteme einbricht und Daten verändert oder stiehlt.

Datenbank
Eine geordnete Sammlung von Informationen über ein Thema, meist in einem Computer.

DNA des Zellkerns
Die Kern-DNA (Desoxyribonukleinsäure) enthält gleich viel genetisches Material von beiden Elternteilen.

Elektronenmikroskop
Ein starkes Mikroskop, das mithilfe eines Elektronenstrahls ein vergrößertes Bild von einem Objekt erstellt.

Elektrostatische Oberflächenabbildung (ESDA)
Ein Gerät, das auf Papier durchgedrückte Schrift mittels statischer Elektrizität und Tonerpartikeln sichtbar macht.

Festplatte
Die Speichereinheit eines Computers.

Flugbahn
Die gekrümmte Bahn eines Projektils – meist einer Kugel – durch die Luft.

Fluoreszenzpulver
In der Forensik verwendetes Pulver, um latente Fingerabdrücke aufleuchten zu lassen.

Forensik
Das wissenschaftliche Sammeln und Analysieren von Beweisen, um einen Tatverdächtigen zu überführen.

Forensische Anthropologie
Wissenschaft, die die sterblichen Überreste von Menschen untersucht.

Genetischer Fingerabdruck
Das Muster sich wiederholender DNA-Sequenzen, das bei jedem Menschen einzigartig ist.

Laserstrahl
Ein feiner, aber starker Lichtstrahl, der in der Forensik latente Abdrücke sichtbar macht und die Flugbahn von Kugeln ermittelt.

Latenter Fingerabdruck
Unsichtbarer Abdruck, der mit Spezialtechniken sichtbar gemacht werden kann.

Literarische Forensik
Ein neuer Zweig der Forensik, der den Sprachgebrauch eines Verdächtigen in schriftlichen Dokumenten untersucht.

Luminol
Chemische Substanz zum Aufspüren winziger Blutpartikel. Funktioniert sogar bei jahrealten Blutspuren.

Massenspektrometrie
Technik zur Ermittlung der Menge von Drogen und Medikamenten in einer Probe sowie zur Bestimmung von Brandbeschleunigern.

Mitochondrien-DNA
DNA außerhalb des Zellkerns; enthält genetisches Material, das nur von der Mutter stammt.

Nummerntafel
Markiert die Position wichtiger Beweisstücke am Tatort.

Patronenhülse
Enthält eine Kugel und eine Pulverladung für eine Schusswaffe.

Polygraf
Ein Instrument, das einen Verdächtigen durch Aufzeichnen von dessen Puls und Blutdruck als Lügner überführt; auch Lügendetektor genannt.

Polymerase-Kettenreaktion
Eine Methode zur Verdopplung von DNA-Bruchteilen, um eine ausreichend große Probe für die Analyse zu erhalten.

Präzipitintest
Ermittelt, ob eine Blutprobe von einem Menschen stammt.

Röntgenstrahlung
Eine Strahlungsart, die Knochen abbildet. Dient in der Forensik der Gebissidentifikation.

Scanner
Gerät, das ein Bild in digitale Informationen umwandelt, die sich auf einem Computer speichern lassen.

Schmauchspuren
Pulverreste an der Hand einer Person, die eine Waffe abgefeuert hat.

Sekundenkleber-Bedampfung
Eine Methode zum Sichtbarmachen latenter Fingerabdrücke, bei der Sekundenkleber auf den Abdruck aufgedampft wird.

Serologie
Das Studium von Blut und anderen Körperflüssigkeiten, gewöhnlich um einen Verdächtigen zu identifizieren.

Toxikologie
Das Studium der Beschaffenheit, der Wirkungen und der Feststellung von Drogen und Giften sowie die Behandlung von Vergiftungen.

Ultraviolettes Licht
Nicht sichtbares Licht, das Fingerabdrücke und verborgene Sicherheitsmerkmale sichtbar macht.

Verdächtiger
Jemand, der nach Meinung der Ermittler in ein Verbrechen verstrickt ist, dessen Schuld aber noch nicht erwiesen ist.

Vergleichsmikroskop
Ein Doppelmikroskop, mit dem man gleichzeitig zwei ähnliche Gegenstände wie z. B. Kugeln betrachten und vergleichen kann.

Vortest
Ermittelt, ob eine Flüssigkeit Blut ist.

AUFLÖSUNG

RAUB

Der Raub in der Holbrook Galerie gab der Polizei ein Rätsel auf. Anna Berkhout war nach ihrer Aussage am Empfang, als das Bild verschwand – sie hätte jeden gesehen, der die Galerie betrat oder verließ.

Nur zwei Personen hatten Spuren vom Tatort an den Schuhen: Ed Kolowski und Jimmy O'Brien. Wäre O'Brien vor dem Raub bewusstlos gewesen, hätte er nicht über die Glasscherben laufen können. Die Fingerabdrücke an der Lampe verraten, dass er die Überwachungskamera wegstieß.

O'Brien wartete, bis die Galerie leer war, und nahm das Bild aus dem Rahmen. Da er damit aber die Galerie nicht verlassen konnte, versteckte er es, um es später zu holen. Das ideale Versteck: hinter einem der anderen Bilder ... Danach tat er das Schlafmittel in seinen Tee, trank ihn und verlor das Bewusstsein.

Laut Bericht des Brandermittlers wurde das Feuer wohl mit Benzin als Brandbeschleuniger und einer angerauchten Zigarre als Zünder ausgelöst.

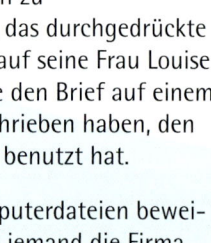

Auf den ersten Blick ist Richard Gibbs der Hauptverdächtige. Er streitet schon seit Langem mit Katherine Holden, der Inhaberin von Glad Rags. Der Drohbrief deutet auf ihn hin, ebenso die Zigarre. Doch keiner der eindeutigen Beweise verweist auf ihn. Wer also will Gibbs belasten?

Dein Lagerhaus wird abbrennen, wenn du nicht

Die Antwort hat die Forensik. Die Abdrücke an der Tür passen zu Karl Caudwells Schuhabdruck, das durchgedrückte „L" auf dem Drohbrief deutet auf seine Frau Louise hin. Er könnte den Brief auf einem Block geschrieben haben, den sie zuvor benutzt hat.

Die Computerdateien beweisen, dass jemand die Firma seit Längerem bestohlen hat. Karl hatte als Einziger mit der Buchhaltung zu tun. Aus dem Streitgespräch zwischen Katherine und Gibbs erfuhr er, dass sie verkaufen wollte. Und bei einem Verkauf würde er auffliegen. Also musste er die Beweise loswerden. Er machte sich den Streit zunutze und schrieb den Brief, um Gibbs zu belasten. In der folgenden Nacht zündete er das Lagerhaus an, während seine Frau im Bett war und schlief.

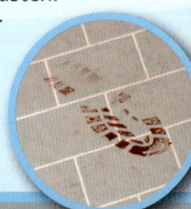

Der Geldfälscher bei Night Fly Printers war ehrgeizig. Die Polizei fand tausende von Blüten, und vermutlich war der Täter nicht zum ersten Mal am Werk. Wer hatte das nötige Fachwissen, um dieses Verbrechen zu begehen?

Wusste Pete Morelli wirklich nicht, was im Druckerraum geschah? Er gibt sich erfolgreich, doch seine Firmen sind alle auf dem absteigenden Ast. Verdient er sein Geld auf andere Weise? Er wollte früh am nächsten Morgen wegfliegen, hat aber für die Tatzeit ein Alibi.

Ray Wallace ist ein verdächtiger Typ und wegen Betrugs polizeilich bekannt. Ist er nervös, weil er schuldig ist oder weil seine kriminelle Vergangenheit ans Licht gekommen ist? Seine und Morellis Fingerabdrücke sind zwar an der Maschine, doch der Augenzeuge identifizierte den Flüchtigen als weiblich.

Um den Täter zu überführen, müssen wir die forensischen Beweise hinzuziehen. Wer passt zu dem von dem Augenzeugen erstellten Phantombild, hat Blutgruppe A und Fingerabdrücke am Tatort hinterlassen? Die Antwort gibt der Benutzername auf den gelöschten Computerdateien: MONDAY – Monica Day.

Die forensische Anthropologie und die DNA-Berichte identifizierten das Skelett als das von Jack Macadie.

In der Vermisstenakte heißt es, ein Soldat sei an dem Tag, als Jack heimkehren sollte, am Bahnhof gesehen worden, wie er aus einem Zug ausstieg. Wahrscheinlich war dies Jack, der aber getötet wurde und nie mehr zu Hause ankam.

Die im Grab gefundene Pistole gehörte Colonel Macadie. Hätte er seinen einzigen Sohn getötet, nur weil dieser ein Kriegsgegner war? Jeder im Haus hatte Zugang zur Waffe.

Die einzige konkrete Spur ist der Manschettenknopf. Die Initialen lauten FS – Freddie Sarsons. Das vom Familienkonto abgebuchte Geld lässt vermuten, dass der Gärtner hinter die Wahrheit kam und Freddie erpresste. Das erklärt, warum er Beech House so plötzlich verließ und nie mehr arbeitete.

Warum aber beging Freddie dieses schreckliche Verbrechen? Da Jack aus dem Weg und der Colonel sehr krank war, hätten er und Elizabeth den Besitz geerbt. Doch der Plan schlug fehl – der Colonel starb nicht und Freddie kam nie in den Besitz des Geldes oder des Familienanwesens. Ironie des Schicksals: Freddie selbst wurde 13 Jahre später bei einem Jagdunfall erschossen.

REGISTER

A
Abguss eines Schuhabdrucks 35
AFIS (Automatisiertes Finger-
    abdruck-Identifizierungs-
    System) 20, 21
Alkoholtest 23
Augenzeugen 9, 42, 46, 47
Autos, Reifenspuren 34

B
Ballistik 60
Bankbetrug 36
Banknoten
    Fälschung von 42–43, 44
    Seriennummern 42
    Sicherheitsfäden 44
    Tiefdruck 44
Basentest 23
Betrug 36
Beweismittel
    Beweisspuren 24–25
    Fingerabdrücke 18–21, 67
    Sammeln 12–13
Blutflecken 43, 48–49
Bodenprobenanalyse 54
Bomben 32, 33
Brand
    Brandbeschleuniger 31, 32, 33
    Brandermittlung 32–33
    Feuerlöscher 33
    Brandstiftung 30–33, 38–39

C
Chemikalien, Toxikologie 22–23
Chromatografie 37
Computer
    Abgleich von
        Fingerabdrücken 21
    Bankbetrug 36
Computerforensik 31, 36, 42
    Identifizierung von
        Verbrechern 47
Computerverbrechen 36

D
Dokumente, literarische
    Forensik 36, 37

Drogen, Toxikologie 22–23
Drohbriefe 31, 37

E
Elektronenmikroskop 25
Elektrostatischer Erkennungs-
    apparat (ESDA) 37

F
Fälschungen 42–45, 50–51, 66
Farbe und Lack
    Beweisspuren 25
    Chromatografie 37
Fasern, Beweisspuren 24
Feuerwaffenanalyse 54, 55,
    60–61, 65
Fingerabdrücke 16, 43
    Abgleich 20–21
    Abnehmen 18–19
    Geschichte 64
    Sichtbarmachen 19
    Speichern 21
Forensische Anthropologie
    58, 59
Forensische Fotografie 10–11
Fußabdrücke 24

G
Gaschromatograf 23, 32
Geheimbotschaften 49
Geld
    Bankbetrug 36
    Fälschung 42–43, 44
Gemälde, Fälschungen 44, 45
Genetischer Fingerabdruck 55,
    56–57, 66
Gerichte 6, 10
Gifte, Toxikologie 22–23, 65

H
Haar 22, 24
Handschriftenanalyse 31, 37
Hologramme, Banknoten 44

K
Kakaopulver für Finger-
    abdrücke 19

Kleidung, Beweisspuren 24
Knochen 54–55, 56–57
Kohlwasser zum Testen von
    Chemikalien 23
Kugeln, Feuerwaffenanalyse 54,
    60–61, 65
Kunstfälschung 44, 45, 66

L
Laser 19, 60
Literarische Forensik 36, 37
Locards Austauschprinzip 6, 24
Lügendetektor 47
Luminol 49

M
Markenfälschungen 44, 45, 66
Massenspektrometrie 23, 33
Mikroskope, Elektronen-
    mikroskop 25
Mord 54–55, 62–63

P
Papier, Abdrücke auf 37
Pässe, Fälschungen 45
Patronenhülsen 61
Polygraf 47
Profile, von Verbrechern
    erstellen 46

R
Raub 16–17, 26–27
Reifenspuren 34

S
Samen, Beweisspuren 25
Säuretest 23
Schädel, forensische
    Anthropologie 59
Schecks, gefälschte 43
Schmauchspurentest 61
Schrift
    Abdrücke auf Papier 37
    Handschriftenanalyse 31, 37
Schuhabdrücke 30, 35
Sekundenkleber-Bedampfung,
    zum Sichtbarmachen von

Fingerabdrücken 19
Serologie 43, 48–49
Skelette 54–55, 56–57
Spuren 34
Spürhunde 13, 32
Suche auf allen vieren 9

T
Tatort 8–9
Terrorismus 23, 33
Tinten, Chromatografie 37
Toxikologie 22–23, 65
Tupfer 13, 61
Türen, gewaltsam aufgebrochen
    30, 35

U
Überwachungskameras 17, 46
Uhren, gefälschte 45
Ultraviolettes Licht 19, 45

V
Verbrecher, Überführung von
    46–47

W
Waffen, Feuerwaffenanalyse
    54, 55, 60–61, 65
Werkzeugspuren 35

Z
Zähne, zahnärztliche Unter-
    lagen 58, 59
Zeugen 9, 42, 46, 47
Zwillinge, eineiige 18, 57

DANK

Der Verlag dankt Precision Printing Ltd. für die Hilfe beim Fotografieren der Fälscherwerkstatt und Ron Cook für seine Beratung bei den Fingerab-druckmustern.

Bildnachweis
Der Verlag dankt den folgenden Personen und Institutionen für die freundliche Genehmigung, ihre Bilder abzudrucken:

(o = oben, u = unten, m = Mitte, l = links, r = rechts)
Academic Press: 35or. **Alamy Images:** Bloom Works Inc. 4, 6; Simon Clay 46m; Ilene MacDonald 57ur; SHOUT 49ol; Stock Connection 47m; Jack Sullivan 23mr; Phil Talbot 34ol. **Camera Press:** Gamma 13or. **Corbis:** Nogues Alain 34ul; Archivo Iconografico, S.A. 65or; Bettmann 66o; Andrew Brookes 23ol, 57ol; L. Clarke 24ul; Richard Hamilton Smith 6ul; Brownie Harris 36–37m; Ed Kashi 19ol, 19ur; Thom Lang 6o; Reuters 23ur;

Tom Salyer 45mr; Joseph Sohm 9or; Bill Stormont 32m; Zefa 2–3, 18, 27mra. **DK Images:** The British Museum 44mr. **ECB:** 44mu. **Empics Ltd:** AP 58; AP / Elise Amendola 33or; AP/Douglas C. Pizac 60r; John Giles 9m; Mike Hutmacher 32mr; PA Photos 13ol, 67; Chris Parkiap 11ml; Chris Young 12. **Picture courtesy of Foster & Freeman Ltd:** 37ul, 37um, 45mla. **Getty Images:** Peter Dawson 11ur; Sam Diephuis 34m; Hulton Archive 63ul; Fernando Laszlo 59um; Steve Liss 61o, 61m. **Mary Evans Picture Library:** 64. Esther Neate (www.neateimaging.com): 49m, 49ml. popperfoto.com: 10–11m. **Reuters:** Viktor Korotayev 60l. **Rex Features:** Lehtikuva Oy 44mlu; Sonny Meddle 55fmr, 71mr; MGG 11mra; Sipa Press 9ol. **The Ronald Grant Archive:** 65u. **Science Photo Library:** 21ol, 24mu, 48um, 59ol, 59m; Dr. Jeremy Burgess 25or; Michael Donne 11ol; Mauro Fermariello 13mr, 21ur, 25ol, 49mra, 61ur; Spencer Grant 13ml; Steve Gschmeissner 24mr; Insolite Realite 57or; James King-Holmes 21ml; Robert Longuehaye,

NIBSC 56u; Jerry Mason 46ul; Alfred Pasieka 20ur; Philippe Psaila 44um; Sandia National Laboratories 19mr; Dr. Jurgen Scriba 22; Tek Image 9ul, 66u; Sheila Terry 35ol; Geoff Tompkinson 23or; Michel Viard/Peter Arnold Inc. 25mr. **TopFoto.co.uk:** 45ol.

Cover vorn: istockphoto (Maßband); Getty images (Pistole); Network Stock (Taschenlampe, Daumen-abdrücke, Handschellen).

Alle anderen Bilder © Dorling Kindersley
Weitere Informationen unter www.dkimages.com

Lösungen zu den Aktivitäten
Seite 45 Der echte Ausweis ist der von Maria Lamenberg. Juan Castalinos Ausweis enthält fünf Fehler: Das Hologramm ist falsch; die Kartennummer ist zu kurz; das Ausstellungs-datum existiert nicht; „Nachname" ist falsch geschrieben; der Stempel auf dem Foto fehlt.
Seite 57 Verdächtiger 2.
Seite 61 Kugel 3.